想要高效学习?
用对方法才有效!

❶ 这样读书才高效

实用**读书方法**,让你的阅读效率**秒提升**!
想要"吃透"一本书?**思维导图**来帮你。

❷ 随时记录不遗忘

一键拍照记录本书重点,**轻松摘录**告别手抄。

❸ 学霸宝典大揭秘

揭秘学霸的独家学习方法,看看高手是如何学习的。

读书驿站

👍 **学生看这里**
入群交流学习心得,分享你的学习方法。

👍 **家长看这里**
精选家长辅导方法,教育问题通通解决。

📖 微信扫码
方法对了,才能事半功倍!

> 告诉孩子，考试其实很容易。
> 怎样奖励孩子最有效？
> 背诵，是当学霸的第一步。
> 写作文，内容如何更丰富？
> 如何"选择"教辅，合理刷题？
> 听听英语歌，学习英语不费劲。
> 放下手机，在"家庭实验室"中玩好物理
> ……

学习有方法，拒绝死读书，

跟学生讲"悄悄话"，对家长讲"大实话"！

敬请期待——
"学习方法决定学习成绩"系列丛书

《名师点金：语文可以这样学》

《名师点金：数学可以这样学》

《名师点金：英语可以这样学》

《名师点金：化学可以这样学》

《名师点金：物理可以这样学》

《学习高手是这样炼成的》

　　本丛书由多位拥有丰富教学经验、长期工作在教学第一线的名师撰写，不拘泥于具体解题技巧，而是站在一定的高度，提炼总体学习方法和理念，关注树立正确的学习观念、掌握高效的学习方法，从而真正掌握知识的精髓。书中呈现了一个个校园中学习的场景，讲述了一个个生动的案例，讲一个故事，教一个方法，让学生在轻松阅读中理解学习，爱上学习。

丛书订购热线：021-64372608*183 64334376 吴老师

学习方法
决定学习成绩

陆震谷 著

上海故事会文化传媒有限公司　上海文化出版社

名校长的名言

舍小安逸，求大自在。小安逸只能诱小志者，大自在定能励远行人。

经纬有序而匹成，知识有序而学成。

李白传有《静夜思》，学生也有"静夜思"。静味动之趣，夜理昼之事，思求志之远。此是好学生"三字经"。

学如登阶，宜步步踩实；思如博弈，宜步步出奇。

——上海市七宝中学校长　上海市文来中学校长　仇忠海

玩要痛快，学要专心。痛快即尽兴，专心则神聚，神聚才有效。古人有读书"三到说"（朱熹：心到，眼到，口到），关键在"心到"。又有"习业当凝神仁思"（明·徐媛），也是说学业要聚精会神，深入思考。学习要讲方法，方法当，效益高。而运用方法的前提则为凝神心到。学要专心，方法合适就有效，则玩也可更尽兴，人也有发展了。

——上海市大同中学校长　杨明华

"温故而知新，可以为师矣。"复习是学习过程中至关重要的一环。每天应对新学的知识加以整理和温习，找到不懂的地方及时向老师和同学请教，避免问题的积累。一段时间后则应对知识系统地整理，文科应关注素材的积累，同时要把所学的社会科学理论与当前热点结合起来理解；理科则应注重方法的归纳，找到一类问题的通解通法。这样举一反三，才能收到事半功倍的效果。

——上海市位育中学校长　任博生

学习方法好比劳作的精良工具，跋山涉水的蹊隧和舟桥，它的重要性是每一位学习者都知晓的。我们会说学习方法无处不在，但是要掌握科学、正确、行之有效的学习方法却非易事。学习方法的寻找、比较，在学习中渐渐被有效运用的过程，实际上是一种思考分析的过程，是一种认知逐渐成熟的过程，是一种在学习实践过程中不懈探索求证的过程，同时也是一种身心感悟的过程。由此可见，努力寻求、掌握、更新学习方法，不仅可以提高学习活动的效益，让你的成绩更理想，而且可以提升你的思想能力，丰富你的情感体验，让你更加聪慧，助你走向成功！

——上海交通大学附属中学校长　徐向东

《论语》卷首第一句就是"子曰：学而时习之，不亦乐乎？"孔子自己好学，还不忘记告诉我们一个重要的学习方法："学"的过程中要有"习"的环节，通过不断温习、练习……进而达到深入理解和巩固所学的效果，这样就会从学习过程中感到身心愉悦，因而乐此不疲了。如果倒着词序去读《论语》的这句话，也很有意思：求学的心智应该喜悦快乐，视探知进学为乐事，保持一份好情绪，就会自觉地时时去操习演算，学习的任务不就完成了吗？

　　学习的方法和技巧就在你的发现之中。

——上海市南洋模范中学校长　高　屹

　　当今社会发展异常迅速，人们要适应就要不断学习。学习是要讲方法的，掌握好的学习方法，学什么会什么，做什么成什么。

　　学生进入学习阶段会逐步形成自己的学习方法，不同的学习方法，学习的效率不同。所以要取长补短，努力改进，掌握高效的学习方法。

　　一个掌握了良好学习方法的人，一定会终身学习，终身发展。他的良好学习方法使他受用一生。

——上海市南洋中学校长　王以权

再版自序

十年前,我写的《学习方法决定学习成绩》一书出版,是有感于学生学习常常陷入误区,耽误了学习成绩的提高。我很希望凭借我三十多年的教学生涯经验之积累,推心置腹地与大家探讨学习方法,树立正确的学习观念,让学生有所裨益。其实很多话题,平时我也经常与学生、家长讨论。宏观一点的话题,有如何复习迎考,要不要参加课外补习,如何正确择校等等;微观的话题有选择怎样的学习环境,怎样做课堂笔记,如何选择课外习题集等等。面对这些话题,学生和家长一般都很焦虑。他们很渴望获得了解,就像人到了医院,迫切地想知道自己得了什么病,又将如何医治。我们置身于一个全民关注教育的时代,教育的话题成为当今社会最热门的话题。话题多了,收集起来,写了《学习方法决定学习成绩》一书。当时很期盼我的一些建议,能给学生带来全新领悟,也让家长认可赞同。

书一出版,即得到了诸多学生和家长的关注,上了上海几家书店的销售排行榜。我参加了两次签名售书活动,一次在上海书城,一次在静安广场,每次都是长龙排队。看着学生满怀期待的眼神,看到家长充满赞许的笑脸,我顿感人民教师的责任重大。我只是把我三十多年教学生涯中的所见所闻所感告诉他们,不作过多修饰,本色述说。所有的建议肯定不是什么金科玉律,但完全是真情表白,或者是一位教师对学生讲的"悄悄话",与家长讲的"大实话"。书中教你的一些小窍门、小方法,有一些颠覆了我们传统的认识,也许登不了严肃的大雅之堂,但完全可以在同学之间大行其道,因为有些窍门和方法本身就是他们告诉我的。

十年之后,出版社编辑部决定再版这本书,我与学生、家长又有了讨论交流的机会,我十分感谢。现在的学生早已不再是过去的学生,现在的教育形势也不同于过去。但最基本的学习规律是相同的,学习的方法是相近的。考试万变不离其宗,怎么变,还是脱离不了一个"考"字。当然,同样一个"考"字,内容、形式发生了翻天覆地的变化,但应考的方法,也许真有许多的相同之处。不管是十年之前,还是二十年之后,我们都可以围绕这些话题讨论,一定有变化,但决不会离题万里。这样想,就大大增强了我修改再版此书的热情和信心。

这次修订,面对的是现在的教育形势,增加了许多当下教育的热门话题,仍以介绍学习方法为主线。譬如,"为什么会感觉现在的考试越来越难?"讨论的是判断学生学力的话题。"一对一补课还是大课补课?"讨论的是当下最热门的补课形式的话题。"家长陪读也许会得不偿失"讨论的是现在家长最焦虑的陪读话题。"学习成绩真的是男生不如女生吗?"讨论的是学生心智成熟的话题。我在此不再一一列举,如果你有了这本书,不论是学生还是家长,都可以慢慢去阅读,就如同我们之间无拘束地谈心聊天。

我对自己撰写这本书有一个比喻,比作我为学生、家长"土法"酿制了葡萄酒,喝了这杯酒,如能强身健体,这当然是物有所值,如果疗效不明显,那么权当喝了一杯酸甜可口的葡萄汁,这个结果也不坏。

现代信息技术迅猛发展,我们在这本书中增设了二维码。家长和学生阅读后有什么建议,有什么需要咨询的,或者有什么批评,可以扫一扫,很方便与我交流沟通。我不追求学者般坐而论道,只希望能与你们有师生间的亲切交流,唯一的期盼是你能从中有所收获,提高学习成绩。我很期待。

十年前,这本书出版之际,邀请上海名校长题写名言,他们是上海市七宝中学校长仇忠海、上海市大同中学校长杨明华、上海市位育中学校长任博生、上海交通大学附属中学校长徐向东、上海市南洋模范中学校长高屹、上海市南洋中学校长王以权,在此再次表示感谢。

2018年5月

自 序

大概像我这样经历了如此多种的教育经历者并不多。曾在上海市的重点中学教了十年书，教过语文，做过班主任，还担任过政工教导；又在教育局机关工作了若干年；以后担任了十多年的校长，参与了职业教育、成人教育，还有特殊教育。在中国的中等教育中，我几乎涉猎了所有的领域。因为经历了多种教育，接触的人也特别多。有教育界的领导、前辈、学校的老师、众多的家长和学生。学生中又有一代天骄者，有悲观失望者，有自学成才者，有智商在70以下的智障者……大都脱离不了教育的圈子。所以我自诩是教育的圈内人士。

与人闲聊中，常常会涉及许多教育的问题。诸如：高考志愿怎么填写啊？考试紧张怎么办啊？考前要作些什么准备啊？要不要请家教补习啊？老师讨厌我怎么办啊？考题太难如何应对啊？选择哪些习题集最有效啊？对学习的焦虑和疑惑溢于言表。

我们总喜欢以传统理念来进行教育。譬如说，一说到刻苦学习，就想到"头悬梁，锥刺骨"的故事，希望读书废寝忘食；一到复习迎考，就想到要请家教补习，希望名师指点；一进考场就应该"先易后难，沉着冷静"，希望不慌不忙；我们反对考试押题，反对上课小动作，反对听课思想开小差，反对校内早恋，反对读书一目十行。自以为做学生就应该如此，却很少去想，大家这样的学习行为是否一定正确？其实废寝忘食的学习根本没有效果，请家教不当反而耽误学习，考试"先易后难"也不一定有效果，考前不押题肯定要失误，上课小动作并不代表不认真听讲，课堂内思想开小差自有学生的苦楚，校内早恋也有一定的原因，读书一目十行也是一种高效的学习方法。就如我们讲冬令进补，一定以为进补的最好时机在冬季，而经实践证明，冬令和夏令进补的作用是一样的。我们可能不假思索地认为人参越贵越补，而现代医学早已证明，服用人参是否有效是依据人的体质来决定的，昂贵的人参并不是人人都可服用的。同样，学生的学习如果不根据自身的实际，人云亦云照搬传统习惯，极有可能进入学习的误区而影响成绩。

作为教育的圈内人士，我只想说一些实实在在的"内行话"。积累起来的话题多了，就有了50多个"故事"。所谓故事，实际上都是我所见所闻的往事。这些"往事"各阐述了一个观点，也教你一个方法。这些往事所提示的方法，曾使不少学生由此顿悟而走上正确的学习之路，也使更多的学生从此提高了学习成绩，成为考场的宠儿。当然，拿着这把方法的钥匙能否开启你的学习大门，这就看你的悟性有多少！

俗话说"家有万贯不如薄技在身"。万贯家产越用越少，掌握"薄技"享用一生。知识积累再多总是知识，能够使用知识，才有一生发展。方法比知识更重要，掌握一个正确的学习方法比占有书本知识更有潜力。我们的学习有时难以突破，其实正是缺少一个好的方法的引领。能否这样认为：学习无所作为，缺少的不是知识，缺少的是好的学习方法。

所以方法决定成绩，优秀成绩背后的支撑一定是正确的学习方法，优秀学生的成功秘诀是掌握一个好的学习方法。

目 录

再版自序 …………………………………… 6

自序 ………………………………………… 9

智商差异影响成绩高低?
　　——差距在于你的自控力 ………………… 18

我们是为了什么学习?
　　——从被动的学习压力中解放出来 ……… 22

学习使人变得更聪明
　　——不要放弃你认为用不到的学科 ……… 26

将开发学习兴趣放在首位
　　——先调节胃口,再开设大餐 ……………… 30

不会休息就不会学习
　　——克扣睡眠易使学习效率低下 ………… 34

如何克服"学习拖延症"?
　　——培养自己"迈出第一步"的勇气 ……… 38

退一步,海阔天空
　　——教你一招克服弱项的学习方法 ……… 44

横向比,纵向比?
　　——哪一种更能反映你的学习成绩? ……… 48

两耳不闻窗外事，一心只读圣贤书？
　　——你千万别上它的当 ………………………… 51

习题集越多越好？
　　——当心被练习题淹没 …………………………… 54

让巧克力监督孩子的学习
　　——学习动力需要合理的物质刺激 ……………… 58

拨准你的生物钟
　　——利用黄金时段提高学习效率 ………………… 62

有疑问就要向老师请教
　　——直截了当的提问效果最佳 …………………… 66

学生还可以"调动"老师的积极性？
　　——受益最多的还是学生自己 …………………… 70

为什么不向同学请教呢？
　　——有时同学的交流比老师补课的效果还要好 … 73

我们需要怎样的书桌？
　　——保持桌面整洁能提高学习效率 ……………… 77

在哪里看书最有效？
　　——图书馆里读书最有气氛 ……………………… 81

尽情玩乐有时并不影响学习
　　——娱乐与学习可以相互促进 …………………… 85

目 录

一目十行的阅读可信吗?
　　——快速阅读法助你博览群书 …………………… 90

听老师上课真的没什么意思吗?
　　——不听课,你失去的是一条最佳学习途径 ……… 94

上课喜欢开小差怎么办?
　　——与你一起消除开小差的痛苦 ………………… 98

自言自语有助于思想集中
　　——让你的学习更专心 …………………………… 102

咀嚼可以提高学生的注意力
　　——教师可放松上课时对"小动作"的管制 ……… 106

把笔记直接做在课本上是偷懒吗?
　　——更方便你的复习和记忆 ……………………… 109

会学习,也要会考试
　　——你必须掌握的两种应试技能 ………………… 113

考试复习争的是时间
　　——"看题目"是高效省时的复习方法 …………… 117

临时抱佛脚一定不可取?
　　——不仅需要,而且科学 ………………………… 119

学习不能输在起跑线上?
　　——超前学习不可提倡 …………………………… 122

熟悉的考题和陌生的考题哪个难?
　　——帮助你了解老师的出题意图 …………… 129

答题必须先易后难?
　　——教你一种新的答题顺序 ……………… 132

让新奇的感觉在考试前就过去
　　——考前去考场看看,有利于安定情绪 ……… 135

你从来没有作弊过吗?
　　——作弊心态对考试极其有害 …………… 139

"倒计时"是催人奋进,还是火上浇油?
　　——考试前最需要的是一颗平常心 ………… 143

做单项选择题有窍门吗?
　　——用排除法就能无往而不胜 ……………147

你想合理提高高考总分吗?
　　——语、数、外三门学科复习时间要均衡分配 …151

报考文科的学生拼的是数学
　　——提高高考成功率的有效途径 …………… 155

考前押题并不是投机取巧
　　——讲究方法就有实效 ………………… 158

考试为什么不能"开天窗"?
　　——每题必答会获取意外的考分 …………… 163

目 录

字写得好也能提高考试成绩
　　——练就一手漂亮的字很有必要 ················166

收集历年高考试卷参阅
　　——使自己最快进入迎考状态 ··················169

考试结束要不要和别人对答案？
　　——"忘记失败"是成功之母 ···················171

高考填志愿时怎样选择专业呢？
　　——去了解课程设置和培养方向 ················174

斤斤计较考分有什么错？
　　——对考试成绩麻木不仁才可怕 ················178

我与老师到底谁有错？
　　——如何克服对老师的排斥心态 ················182

不要放弃当学生干部的机会
　　——荣誉感能促进学业发展 ····················186

宁当鸡头，不做凤尾
　　——选择最适合你的学校 ······················191

面对四面楚歌的学习环境
　　——转学会使你的天地焕然一新 ················193

不要以为学好语数外，什么都不怕
　　——学会"一技之长"使你人生更从容 ··········196

家长陪读也许会得不偿失
　　——只"陪"不"读"才是好方法 …………………… 201

一对一补课还是大课补课?
　　——选错方式就没有效果 ……………………… 207

究竟要不要参加考证和竞赛?
　　——不应仅着眼于给升学加分 ………………… 213

都是粗心大意惹的祸
　　——懂得方法可以慢慢克服 …………………… 220

感觉现在的考试越来越难?
　　——判断自己的学力很重要 …………………… 226

学习成绩真的男生不如女生吗?
　　——提升心智成熟度是关键 …………………… 233

早恋是福还是祸
　　——不可小看对学习成绩的影响 ……………… 239

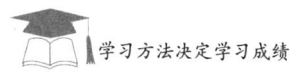

智商差异影响成绩高低？
——差距在于你的自控力

学习成绩上不去,问题出在哪里?

有些家长看着别人家的孩子上重点高中、名牌大学一路顺风,心里羡慕不已。再看看自家的孩子耳提面命仍是毫无长进,于是开始怀疑孩子智商是否出了问题。其实科学研究早已证明,绝大多数人的智商基本相近,高智商的神童和低智商的孩子只是少数。

既然智商的差别微乎其微,那么是什么原因造成孩子的学习成绩参差不齐呢?这就要说说学生的自控能力,有无自控能力往往决定了一个学生的成功与失败。

我有十年市重点中学的教学经历,也在普通中学教了十多年的书。在我的学生中,很多成绩优异的学生考进了名牌大学。虽然都是我教出来的学生,但在高考的大浪淘沙中,仍然有很多人名落孙山。一方面我很自信,这绝不是我教学能力的不足;另一方面我也很自卑,教育不是万能的。教学效果的不同,其中重要的原因之一是教学对象的差异。同样的智商,同样的教育,同一批教师所教,却产生不同的效果。我通过观察发现,成绩差异很大程度上在于学生个体的自控能力不一样。

人人有与生俱来的欲望。人的基本需求包括两点:一是个人生存的需要;二是生命延续的需要。为满足人生存的需求,要吃饱穿暖。为满足生命延续,要娶妻生子。然而这些需求一旦体现在孩子们身上,就成了好吃懒做的典型。在老师和家长心目中,让梨的孔融是好孩子的典范,但我认为其实他未必不想吃大梨。现在的学生清早起不了床,上课要迟到;中午嫌食堂伙食差,还要到小卖部买零食;上课打瞌睡,全然不听课;下课生龙活虎在操场上打篮球,回家作业抛到九霄云外……而事实上你只要静下心来翻开自己尘封的记忆,你当学生的时候,欲望和想法与他们是何其相似。或许那些被老师家长批评得一无是处的孩子正有某些人当年的影子。有一位教育局领导,有教授的头衔,是受人尊重的长者。他为了呼吁对学生要宽容,曾经在一次重要会议上坦言:"学生打架,不要动不动处以严厉的惩罚,我小时候也经常打架,打得人家鼻青脸肿,你们相信我会打架吗?"仔细想想,谁儿时不做一些违反规范、不那么循规蹈矩的事情呢?回到刚才所提到的人的基本需求,学生起不了床是睡眠的需要,吃零食是食欲的需求,打篮球是娱乐的需要,不做作业是休息的需要,合情又合理,不必太责怪学生这些需求。

无论是重点中学的课堂还是普通学校的校园,这些已经成了大多数学生的共性:他们一样的"好吃懒做",凡是减免一些家庭作业,便会欢呼雀跃,心花怒放;他们一样会上课迟到,只不过有些学生怯生生地怕老师批评,而有些学生却一脸无所谓;他们一样早恋,只是有些学生能巧妙地化作学习的动力,而有些学生则深陷其中难以自拔;他们一样的不交作业,能赖就赖,好混就混,不同的是,有些学生任你斥责千遍,依旧我行我素,不做的原因冠冕堂皇——"我不会",有些学

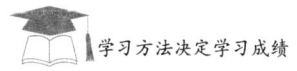

生虽然笔头偷懒,可该掌握的知识还是一个不漏。表面上看似一样的"好吃懒做"的行为,可是仔细一衡量,差别就显而易见了。

自控力的核心:什么时候做什么事情

同样的做法,产生了迥异的效果,关键是自控力的差异。有时候,不得不佩服优秀学生所表现出来的毅力。他们也想休息,读书读得昏天黑地,也苦苦坚持伏案自习,他们知道诸多考试等待着他们,只要经过考验,似锦前程就在前方。他们也想一直玩下去,但非常清楚,什么时候应该结束,去完成老师布置的作业。他们也萌动怀春之情,但多局限于传传小纸条的朦胧好感中,少有惊世骇俗之大举。这种自我克制、自我控制使得优秀学生与一般学生的发展道路从此大相径庭。有人把自控能力比作一张通向天堂的通行证。所以苦读的学子只有战胜了自身的魔鬼才能成为美丽的天使。

如此重要的自控能力并不是与生俱来的。它需要一个艰难的培养过程,让学生经受一些坎坷和挫折,有利于增强他们的自我控制能力。当然这并不意味着有意为难孩子们,而是要有意识地制造一些机会和挑战,不能事事包办。尤其是生活上的一些问题尽量让他们自己去解决,家长只需做一些适当的引导。曾经听说过这样一个故事,有一位很有教育意识的企业家,为了让自己只知吃喝玩乐的孩子改变生活态度,刻意设计了一场"家庭灾难"。有一天孩子照样无忧无虑地回到家,父亲突然告诉他:"孩子,我的企业破产了,我们不能再过舒服的生活了。"他们搬到一处简易的陋屋,过起了清贫的生活。孩子当然是十二万分的不乐意,但只能无奈地面对现实。时隔不久,孩子变得懂事了，学会了节约财物，学会了善待父母，学会了刻苦和勤奋。有时候挫折能改变人的命运，但也能提升人的意志。在学习上要安排一些阻力，做做偏题难题也不是什么坏事，只要不仅仅以应试教育为目标。老师有时喜欢用分数来调节学生的学习情绪，目的就是为了制造"挫折"、锻炼意志。而我们的家长跟着孩子的考分喜怒哀乐，实在是浪费了不少情感。

此外，还可以设立目标来控制自己。工作要有目标，学习也要有目标，有一个诱人而又切实可行的目标，很有可能调动起一个人的全部精力，全心全意向着目标前进。定目标既要有吸引力，又要可以做得到。如果目标不诱人，那么其他的琐事会趁虚而入；如果目标太遥远，那又不能产生热情。有了目标还要有监督人，有些学生目前或许还无法自控，借助外力的监控不失为一个好的补救措施。譬如大张旗鼓地将自己的目标公布于众，让大家都知道和了解，有了这样的舆论压力，会感到不达到目标，自己就无颜见"江东父老"。监督人可以是父母、老师甚至是自己的同学好友。为了让他们时常提醒自己，此时大可不必感到不好意思，因为有了自控力，其发展潜力无穷。"不好意思"，随它去吧。

学生自控能力如果还不太强，我们完全不必过分担忧，人会长大，每个人都是在成长过程中逐渐成熟，逐步养成坚毅的自控能力。只要平时多让他们明白做人做事的道理和准则，多关注他们成长的足迹，多放手让他们自己去面对各种困难，我认为他们会知道什么时候该做什么事情。

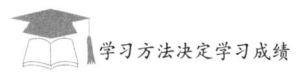学习方法决定学习成绩

我们是为了什么学习？
——从被动的学习压力中解放出来

一个看似多余，却极其重要的问题

我们为了什么而学习？这个问题似乎是多余的：为了成为社会有用之才，为了成为共产主义接班人，我们从小到大一直都是被这样教育的。可是仔细想来这样的目标有些太遥远。其实，很少有学生自己真正独立思考过，每天上学究竟是为了什么。

有位母亲，工作非常辛苦，回家还要料理家务，十分劳累，看见儿子每天做完作业后都玩得不亦乐乎，就对儿子说："你已经是大孩子了，空下来帮我干点家务。看着你母亲一天忙到晚，也不知道关心。"儿子马上理直气壮地回答："我怎么不关心你啦，你没看见我已做了一个小时的作业，蛮好了。"母亲只好说："那还有许多空余时间，总可以帮帮我忙吧！"儿子十分委屈地说："我帮了这么多忙你还不满意啊？要知道做一个小时作业要花多少精力啊。"

显然这个儿子的学习动机完全是为了家人，为了母亲，所以做了一个小时的作业就是对母亲的最大回报。

学生每天上学，家庭学校两点一线，早就习以为常了，别人都这

样,那么我当然也这样,过去如此,那么现在也如此。很少去想自己每天苦苦求学究竟是为什么。

学习毕竟是非常艰苦的脑力劳动,要付出许多精力和时间,还要受到学校纪律的约束,真正非常喜欢上课学习的学生应该为数不多吧。这让我想起了一首叫《童年》的校园民谣,唱出了所有学生的心声。

那么是什么动力使学生还是去学校求学呢?除了"学生都要学习"的惯性驱动之外,外界的压力应该是最主要的因素了。这压力有时来自父母,父母天天在一旁督促,只能努力读书;这压力有时来自老师,害怕老师的批评或指责,才勉强坐在教室里苦读,无奈地去完成永远也做不完的作业;有时压力又来自周围的社会环境,譬如,如果考不上大学,会在所有的亲朋好友面前抬不起头,会遭受别人的轻视。总之,很多学生学习得既被动又无奈,主要受到外界因素的影响和牵制。

压力下的学习,是为别人学习

有一次,我在课堂里给学生上课,全班同学都听得十分认真,突然一阵敲击窗户的声响打破了听课的安静,教室窗外的走廊里站着一位中年男子,正神色严厉地朝教室里看,一只手在敲打玻璃窗。这不分明是在捣乱课堂秩序么?于是我只得走下讲台,打开门,走了出去。只见这个男子也迎了上来,脸色还是十分严肃。我对他说:"你干什么?有事不能下课再说?"他见我有点气愤,赶紧摇着手解释:"老师,我没什么事,影响你们上课了,不好意思。我是在看我儿子上课。"一边说一边用手指着教室里的一个男生。"他上课很不专心。刚才我见他又低头在玩手帕,所以敲敲玻璃窗,想提醒他认真听讲。"

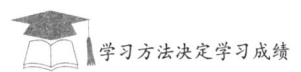学习方法决定学习成绩

事后,我跟其他老师讲起这件事。他们都说他经常来,为了让儿子考进重点大学,干脆辞掉工作,天天到学校来监督。

真是可怜天下父母心啊,但效果又如何呢?这位父亲的儿子最终大学是考上了,但并不是重点大学,大学读了一年就被勒令退学了。因为没有了父母的监督,学习更不自觉,上课就更不认真听讲了,最后连考试都无法及格。

在外界压力下不自觉地学习,是为别人学习。只有为了自己而学习,才能激发持久的学习热情。

理直气壮地说:我是为自己而学习

有位父亲,曾给我讲了一段他儿子求学的经历。儿子以优异的成绩考上了外国语大学,他很引以为豪。但在过去,他儿子读高一的时候还懒懒散散,对什么都没有兴趣,成绩一直在班级中下游,老师和家长都非常着急,思想工作做了不少,大道理他也全懂,就是提不起学习热情。他的父亲很失望,逢人便说:"我在单位里当支部书记,经常给别人做思想工作,为什么就说服不了自己的儿子呢?他每天上学,书包还要我来整理。没有我的照料,恐怕他会把自己也弄丢。"正在他一筹莫展之际,转机到来了。国外留学回来探亲的外甥来看舅舅,那外甥能讲一口流利的英语,给他们描绘了许许多多的国外风情,也讲述了许多自己多年拼搏而小有成就的经历。在一旁的表弟表现出了极大的兴趣,儿子对父亲表示,高中毕业以后,也要像表哥一样,也要去国外留学!父亲就说:"你怎么去啊?"儿子说:"你给我筹钱啊。"父亲因势利导:"有钱就可以了吗?你英语过关了吗?到了那儿别说上课,什么也听不

懂,恐怕出门问个厕所也做不到!"留洋的外甥也在一旁说:"英语过关是起码的要求,否则你怎么生活呢?我们在国外全靠自己谋求生存,没人能真正帮助你。我们读书都很勤奋,要在国外站稳脚跟,就要学习、学习、再学习,因为我们每个人都知道,学习是为了自己。"

就这么一句"学习是为了自己",深深地烙在儿子的心中。从此以后,儿子完全变了,常常说"我学习是为了自己,我要学一口流利的英语,我要出国深造,我要考上一流的外国语大学"。学习目的很明确,学习是为了自己的生存,为了自己的发展,还有什么比这更有动力呢?

其实"学习是为了自己"这一观念,人人心中有,人人口中无。"为了自己"似乎太自私,没有"为社会服务"来得大气,学校老师不便说,家长也不好明说。所以学习的目的就在一片高不可攀的豪言壮语中变得越来越模糊不清,学习的热情也始终无法调动起来。其实两者也并不矛盾,为了自己也是为了国家、为了社会,说得大气一些是为了全人类。个人是社会的一分子,个人的贡献往往为了自己也为大家,两者之间并不对立。产生了一个伟大的科学家,首先自己名利双收,同时也是对社会的重大贡献啊。

你要想激发自己孩子的学习热情并长久保持,可以理直气壮地照直说:"学习,不是为了别人,学习,是为了自己,为自己而努力奋斗吧!"

如果你的孩子还不能领会,可以再直观一些,给他们讲一些学习可以改变命运的生动的故事,带他们去拜访拜访成功人士,甚至可以带他们去名牌大学走走。那高楼深院中的学术氛围很容易打动人心,要告诉自己的孩子,这儿是迈向成功的阶梯,而走向这个阶梯只有靠自己。我有位同事,他带儿子去春游,就是去参观大学校园,说是让孩子从小就感受到这种文化气氛的熏陶,鼓励孩子为了自己能在此占有一席之地,从现在开始就要努力拼搏。

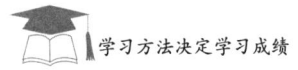

学习使人变得更聪明

——不要放弃你认为用不到的学科

把功课看作负担,越学越沉重

经常有学生对我说,哪门功课不喜欢,哪门功课学了没用,哪门功课根本不需要学,等等。理由很简单,以后可能一辈子也用不上,学了也是白学。我又不当翻译,学外语干什么?我又不当作家,学语文干什么?至于地理、历史、生物等学科,更是没有学的必要,谁以后会去用这些知识呢?如果没有列入中、高考必考之中,更是弃之不顾,学习完全是敷衍。有这样想法的人,在学生中为数不少。

如果没有了解每门学科对自己发展的意义,就不能真正自主、自觉地去学习。如果把某门功课看作是一种负担,当然是越学越愤恨,越学越沉重。

上世纪80年代,文凭补习异常红火,十年动乱使许多年轻人失去了读书深造的机会。踏上工作岗位以后,深感自己读书少、资历浅,提升学历显得非常必要,于是纷纷参加业余文化补习。由于已错过了学习的最佳年龄,所以学得很艰苦。而且他们的目的很明确,要考满几门学科,且保证门门及格,然后换一张文凭。至于学些什么,学了以后究竟有什么用,并不关心,只为了一张文凭的学习对他们来说自然成了一种沉重的负担。当时我也参与了这场社会大补习,记得遇到一位部队学员,他为了得到晋升的机会,必须拿到高中学历,不得已只能到业余学校补习。尤其那个平面几何,无论怎么努力,如何绞尽脑汁,还是学不好。他几次跟我说:"没办法,要一张文凭呀,其实这些东西有什么用?我宁愿站一个月的岗,放一年的哨,也不愿在这里做一道题。"一起补习的同学也很有同感,现在的学习只是弥补自己工作的文凭缺陷,并不觉得学习对他们目前的工作有什么切实的帮助。甚至认为,他们学习的内容和他们的工作完全没关系,如此学习全是浪费时间和精力。

不仅是掌握知识,还能提升你的文化层次

对于业余补习这一类型的学习来讲,的确应该有针对性,缺啥补啥,与自己工作实际需要相一致,才能学有所用。而学历教育却是以提高人的整体文化程度为目标,需要各方面的知识来提高人的整体素质。所以我们说高中生、大学生、研究生,不单纯指他们掌握了哪些知识,而是指他们属于哪个文化层次,与业余补习的学习目的完全不一样。

学习是一个系统工程,从整体上提高人的文化素养,使人变得更善于学习、更有智慧。学历教育当然不能用啥学啥,学历教育讲究的是提升人的整体素质,提升人的综合能力,所以国家提倡素质教育。更何况很多学科无法确定将来是否一定用得上,也许用上了,那时就"书到用时方恨少"了。我一直以为年轻的学生不能太实用主义地"挑食"学科,尤其是处于打基础的中等教育时期,学得杂一点没坏处,这样

能为今后的发展夯实文化底蕴。学历教育的课程是一个大拼盘,搭配出学生必须掌握的知识营养元素,一张课程表是多年来经过专家、学者反复论证以后形成的,具有相当的合理性。各种知识纵横交错,相互补充,从整体上提高人的素质,就如同人要健康长寿,不能只吸收一种营养,而应调和各种营养元素,这样才能保持肌体营养平衡。地理、历史、生物等知识也许以后直接用于学业发展的机会并不多,但却丰富了知识面,扩大了视野范围,提升了学习的能力。今后的工作和学习中一旦需要,这些知识就会成为宝贵的备用资源。

还是当年那位痛恨几何的部队学员,几年以后从部队转业到地方,担任了一个大型仓库的负责人,实际上就是仓储方面的管理干部。我与他谈及当年学几何的痛苦,他有点不大好意思,苦笑着说:"那时突击考文凭,实在有点吃不消。"我又追问:"那你的几何知识现在一定可以发挥作用了吧,管理这么大个仓库。"他却得意地说:"管仓库虽然也用不到几何,但我有了学习几何的能力,有了思考的方法,人真的变得聪明起来。知识分子想问题就是不一样。"他以"知识分子"自居,多年以后的生活实践让他体会到学习的魅力,他不得不承认能力和方法比知识更重要。

在基础教育阶段,各门学科的内容是非常基础的,是通识教育,与高校里高深的专业知识有着很大的差别。所以初中、高中阶段,只要用功一些,各门学科都能学好。而学好各门学科,我们的分析能力将会加强,思维方式会更加合理,判断也会更加准确。学习的过程实质上是头脑操练的过程,学的是知识,锻炼的是头脑,这就是为什么一个知识分子和一个文盲,同样学习一个新的内容,知识分子学习的速度和效果都要远远高于文盲。

学习使人变得更聪明,而聪明的头脑是个人事业发展的重要基础。懂得了这个道理,你还会拒绝自以为今后用不上的学科吗?学地理可以放眼世界,学历史可以使人变得深沉,学外语可以提高记忆能力,学几何可以强化推理水平,学习每门学科,其实都是在做头脑广播操。天天坚持,你的大脑会越来越发达,你的学习成绩也会越来越好。

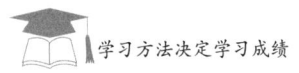

将开发学习兴趣放在首位
——先调节胃口，再开设大餐

两个被颠倒的读书现象

不知大家是否意识到，目前的教育陷入两个本末倒置的怪圈。

其一，我们现有教育的进程是颠倒的。许多教育界的有识之士大声疾呼，孩子们从幼儿园开始就十分辛苦，学钢琴、练书法、背唐诗，被父母早早逼着走上了十年寒窗苦读的生涯；小学的竞争就更加白热化，考试要力争门门满分；进入初中更是暗无天日，做不完的习题，考不完的试；到了高中，学习、考试几乎成了一场残酷的搏杀，书读得昏天黑地，考试更是铺天盖地。可一旦拿到了大学录取通知书，十几年的紧张学习戛然而止，仿佛马拉松式的竞技到达了终点，精神完全放松，呼吸自由通畅，五脏六腑甚至每个毛孔都获得了解放，学习与奋斗迅速成为过去时。——应该学习的时候只想着玩乐，应该享受童年欢乐的时候，却只能被迫学习。学生的学习提前兴奋了。

其二，中国的教育中还存在另一种本末倒置，还不为大家所注意。那就是学校、家长十分关注创造好的学习条件：学校忙着教学改革，调整课程设置，编写教材教辅，重金添置教学设备，还要千方百计

聘请优秀的教师；而家长更是忙得不亦乐乎，给孩子挑选名牌学校，到处购买参考书籍，托人情寻找补课教师，有的甚至干脆辞了工作一路陪读下去。创造了如此优越的条件，学生的学习成绩却并不乐观。如果我们把提升教学条件看作是为学生准备的丰盛大餐，那么学生的学习动力就好比胃口，胃口不佳，再好的美味佳肴也无福消受。我们为什么在为学生准备美味佳肴之际，不先去调节胃口呢？这实在是颠倒了先后次序。

因此想尽一切办法引发学生的学习兴趣，着力开发学生的学习胃口，才是提高学生学习动力的根本做法。在此基础上再潜心研究烹饪技术，提高教学功能，这样的大餐，才会让学生胃口大开。哪一天学生学习的胃口大开了，还愁学生的学习成绩不提高吗？

一个印第安人和蟋蟀的故事

学生如果没有学习兴趣，任何好的学习条件对他来说都是形同虚设，一旦有了兴趣，不用催促，他也会全力以赴认真学习。有一个故事说得很有意思：有个印第安人和他的朋友走在闹市区，车来人往穿梭不停。印第安人是以捕蟋蟀为生的穷人，靠捉蟋蟀卖钱来糊口。突然，印第安人停下脚步，大叫："我听见一只蟋蟀在叫。"他朋友对他说："你发神经，不可能。"印第安人认真地回答："不！我听到了蟋蟀在叫，没错！"朋友肯定地说："现在正是中午，人那么多，汽车喇叭声此起彼伏，你不可能听见蟋蟀叫。"印第安人并不理睬，独自穿过马路，果然在小灌木丛中发现了一只蟋蟀，他的朋友惊叹不已。印第安人说："其实，我的耳朵和你的并没有什么两样，我只是用心去听罢了。"说

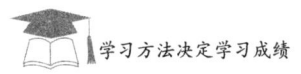

完，印第安人又做了个实验，他将一把硬币丢在了水泥路上，半条街的人都随即转过头来。印第安人笑着对朋友说："兄弟，现在你相信了吧，关键看你是不是用心去听。"

为什么会用心听？因为印第安人对蟋蟀有"兴趣"，有兴趣就有了"听"的动力，奇迹也就产生了。

把学生的兴趣转化为学习的动力

这个故事告诉我们，如果学生感兴趣，他们自然也会提高注意力。所以转变学习态度，首先是培养兴趣。教育的进程不能颠倒，学习的条件和动力也不能倒置。为师者，心要细，气要顺，手要慢，在教学的各个领域，以激发学生的学习兴趣为第一要务，学生自己当然也要千方百计努力去培养自己对于学习的兴趣。

我一直主张兴趣迁移。玩游戏机的学生，可以专注得废寝忘食；打篮球的学生，可以在操场拼个"你死我活"；短信娱乐的学生，可以按得手指麻木……这么耗费体力和脑力的活动，学生们为什么会乐此不疲呢？就是因为兴趣使然。如果将这种执着进取的精神用于学习，将会产生多大的动力啊！

可是有些学生偏偏就对学习无法提起兴趣，家长心急如焚，学生自己也苦恼万分，他们感到学习读书很没劲。其实学习的兴趣完全可以慢慢培养起来。你可以先从自己有兴趣的地方开始：体育运动、棋类活动、唱歌跳舞、绘画表演都可以。磨刀不误砍柴工，花点时间，培养兴趣，这个培养兴趣的过程就是一个人成长的过程，其间的方法或许可以依此类推到学习中去。

因此对于学生学习以外的某些娱乐的兴趣,老师和家长千万不要一味去扼杀,而要正确引导,引导到学习兴趣上来。同样的精力,同样的劳累,同样的拼搏,许多娱乐与学习产生兴趣的要素是相同的,都会使人兴奋,都会获得成功的快感。可是学生对学习的兴趣为何始终不如对娱乐的兴趣那么高呢?一个很重要的原因是我们的孩子过早地进入紧张学习的状态,造成了提前兴奋,从而对兴奋的持续性产生了抑制,无聊、厌倦的情绪一股脑儿向他们涌来,纵然他们主观想努力,客观上也提不起兴致。倘若学校老师不再填鸭式教学,倘若学生家长不再唯考分是从,适当减轻一些压力,或许孩子们有朝一日能感觉到,在其他活动中的兴趣在学习中同样可以寻找到,那么自然而然就被引导到学习中来了。

即使学生对于活动的兴趣最终无法迁移过来,但如果他在某一项活动中,兴趣十足,表现突出,说不定也会产生意想不到的成绩,所谓"三百六十行,行行出状元"说的正是这个意思。

学生的学习,兴趣开发永远应该放在第一位,兴趣永远是最好的老师。

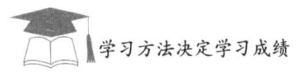学习方法决定学习成绩

不会休息就不会学习
——克扣睡眠易使学习效率低下

所有的休息项目中，睡眠最重要

只有刻苦学习才能提高成绩，这是颠扑不破的真理。但是，刻苦到放弃休息时间，刻苦到克扣睡眠时间，就违反了正常的学习规律，反而会带来负面影响。在许多老师和家长心目中，只有废寝忘食、披星戴月才能称之为刻苦学习，其实这种不讲究学习效率的学习方法，既影响健康，也有碍学习。

休息是为了更有效地学习，所以不会休息就等于不会学习。

在各种不同的休息方式之中，睡眠最为重要。睡眠关系到人的健康，关系到人的成长发育，关系到人的思维发展，关系到人的活动质量。对于小朋友来说，睡眠是很正常的事情，想睡就睡，想醒就醒。这种不受限制的睡眠，让小朋友们都活泼健康，精力旺盛。可是到了自觉的学习阶段，各方面的压力让孩子接受了自控，拼命规范自己的作息时间，尽量压缩自己的睡眠时间。虽然这种精神很可贵，也常常受到父母和老师的赞许，可效果究竟怎样？古代有头悬梁、锥刺股的故事，就是勉励大家要珍惜时光，刻苦学习。这种自制力实在值得钦佩，但不一

定值得效仿。面对强烈的睡意,硬是撑着,迷迷糊糊,这样学习能有什么效果?

放弃一点睡眠时间,以为自己已经相当勤奋,有时是自欺欺人的表现。有个学生,父母管得很严,不到晚上11点钟,不允许睡觉。于是就以儿子的书房是否一直到11点熄灯作为标准,来监督他的学习状况。每晚看到儿子的书房灯还亮着,父母心里就感到踏实。有一天晚上,过了半夜,儿子书房的灯还亮着,母亲既高兴又担心,高兴的是儿子竟如此用功,学习超过了11点钟,担心的是这样下去也许有碍健康。于是母亲悄悄地推门进去,只见儿子早已进入梦乡,舒舒服服地睡在床上,根本没有一点熬夜的迹象。事后经过儿子的坦白,父母才了解真相。原来这孩子每天九点就睡了,睡前把闹钟调整到11点,听到闹铃后便起床关灯再继续睡。那天实在太困了,于是忘记开启闹铃,所以他的台灯才会泄露秘密。

不是脑子缺氧,而是缺少睡眠

我读大学时,有件事给我留下了深刻的印象。那时我们年龄都比较大,因为读大学的机会来之不易,所以每个人都很刻苦,很自觉地学习。除了吃饭、睡觉之外,几乎把所有的时间都花在学习上。只要有时间,就捧起书本学习,一到晚自修,图书馆里坐得满满的,去晚了肯定没空位。我有一个同学,来自农村,希望通过读大学改变他历代务农的命运,他相信只要有一分耕耘就会有一分收获,于是每天天不亮就起床,躲在走廊里背英语单词,深夜才疲倦不堪地离开自修教室。然而可惜的是,他的学习成绩并不理想,考试常常是倒数几名,十分耕耗都没获得一分收获。白天上课,大家总能看到他迷迷糊糊的样子,双眼半闭半开,老师上课他似听非听,直到下课铃声四起,他才完全清醒过来。为防止别人讥笑他,他常常自我解嘲说,我白天脑缺氧,没办法。读书学习还是到深更半夜,他花费的时间其实真的不少。对于这样的考试结果,他本人自然也难以接受,愤愤地说:"我怎么知道,我复习的内容都没考,我没复习的内容考了那么多,这么大的复习范围,真是吃不消。"同学们对他说:"最后一堂复习课,老师不是圈定了范围吗?有几句意味深长的话,你没有感觉到?"他后悔得双脚直跳:"你们这些人,为什么不告诉我?我怎么不知道?"大家异口同声地说:"你上课睡得太踏实了,怎么可能听得到呢?"

显然克扣睡眠时间的做法是得不偿失的。正常的睡眠应该占一昼夜的三分之一,当然随着年龄的不同有所不同。但睡眠的时间必须充足,否则它一定要你用其他时间来偿还。就像我那位同学,克扣睡眠时间,上课时晕晕乎乎,学习效率就极其低下,这样的结果就是得不偿失的。除此之外,还会对我们的身体健康带来不利的影响,那个后果更严重。

科学实验早已证明,如果在长时间缺少睡眠的状态下,智力水平测试的得分会低15%,血压也会普遍升高。如果要恢复原来的水平,那么还要用几倍的时间来补偿,这就是我们常说的"一夜不睡,十夜不醒"。最近又有科学家证明,睡眠也有助于巩固所学的知识。白天学过的知识,必须通过睡眠阶段来重新组合,只有经历了这样的过程,才能真正将学到的知识变成自己的储备。在睡眠时,头脑中的新旧知识结合起来,才能成为长时记忆。所以会读书的人也许有这样的经验,如果一个难题今天实在无法克服,干脆美美地睡上一觉,第二天醒来再思考，有时就会豁然开朗。

　　由此可见，保证足够的睡眠时间，十分重要。我这儿的关键词是"保证"，也就是说必需的睡眠时间一定不能克扣。那么"必需"以何标准来把握呢？我以为有两条标准，一是第二天醒来感到精神充沛，没有睡意，这说明你的睡眠时间得到了保证。二是平时看书学习时没有睡意，能够保持清醒的头脑，说明你不需要补充睡眠。如果清晨起床，睡意未尽，那么第二天可以把睡觉时间提前，以保证足够的睡眠时间。如果看看书、听听课，睡意袭来，那么也可合衣小睡一会儿，有时打个盹，就会使自己振作起来。我们实在是不需要节约这么点时间，因为睡意朦胧中学习，完全没有效果。我更为反对的是因为娱乐过量而影响睡眠和休息，有些学生，中午在操场上打篮球，大汗淋漓回到教室，下午第一节课往往就困意袭来，打不起精神了。这种放松的方式既严重影响学习又影响休息，是我们绝对不提倡的。

　　诚然，废寝忘食的学习态度非常可贵，但这样的学习方式很不可取。还是一句老话说得好，"磨刀不误砍柴工"，有时舒适的睡眠实际上正是"磨刀霍霍"的过程啊。

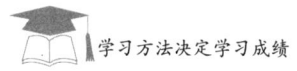
学习方法决定学习成绩

如何克服"学习拖延症"?
——培养自己"迈出第一步"的勇气

拖延症的影响很致命

你平时做作业有没有拖拖拉拉的习惯?每天的作业没完成,日积月累,自己仿佛背上了沉重的债务,有时也想早一点偿还,但没有动力,心有余而力不足。

为什么会拖延作业呢?因为你有充分的理由。今天老师布置的作业太多,根本完成不了。反正完成不了,那么我也没办法,总不见得饭不吃觉不睡。今天老师布置的作业倒是不多,但我其他事情太多,事情多当然就很忙,一忙就忘记了。今天老师布置的作业太难,我根本不会做,还是明天问问其他同学,争取一个"外援"。今天我原本想把作业都做好的,可是突然头痛起来,那只好作罢,生病总允许的吧。等等,等等,完成作业,被无数的理由耽搁了。

老师把学生不按时完成当天学习任务的现象叫作"学习拖延症"。"学习拖延症"虽然不是真正的病症,但形成了一个坏习惯,对学习的影响可是致命的,其原因很简单。

第一,老师在课堂上布置的作业一般具有很强的针对性,是为了

将今天课堂讲的内容,通过作业练习,让你进一步理解和巩固。课堂上许多内容你即使听懂了,也不一定就会做,"听"和"做"有很大的差别。譬如一道数学题,老师讲得很清楚,你也听得很明白,到依样画葫芦时,老师不在,就不一定能画好。如果老师课堂讲的你没听懂,一做作业就能反映出来,就能及时引起注意,及时弥补这个缺失。这种可贵的"针对性"能非常及时地强化我们的学习效果,但学习一拖延,"针对性"的最佳时机错失了。当天的学习任务没有结清,背了沉重的学习"债务",天长日久的话,你会感到没有一天是轻松的。

第二,患上了"学习拖延症",人也会变得惰性十足,就完全丧失了学习的斗志。一个学生是非常需要学习斗志的,要有不服输的气概,这样才能勇攀高峰。但你做作业拖拖拉拉,把它看成一种负担,是一个不可逾越的障碍,你怎么会有勇气去面对学习中更多的艰辛?学习状态一定不好。我见过很多不完成作业的学生,自己也没信心,任老师批评,任家长责骂,都无动于衷,所谓"虱多不痒,债多不愁"。

我做语文老师,为了让学生能提高写作能力,经常会布置天天练习的作业。我认为写作水平提高最好的方法就是多写多练。我让学生每人准备了一本练习本,取名曰"小练笔",天天写一篇,写什么都可以,一草一木,所见所闻都可以,但是要有自己的思考。一周收上来,我批改检查。有位男生,平时作业总是拖三拉四不完成,有严重的"学习拖延症"。我对他并不抱有希望,收上他的作业一看,这周竟然完成了作业,只是每篇最多不超过五句。我把他叫来,把练习本交到他手里。他马上知道我责怪他的意思,故作冤枉状。他说:"我作业完成了呀,一篇都没少!"我说:"七篇是没少,少的是什么,你自己看。"他马上很苦恼地说:"你让我们天天写,我们哪有时间?我拿起笔来就想睡觉,这实在太辛苦了,实在受不了。"我说:"天天写一篇,应该不会有很重的负担,你是天天练吗?"他说:"当然是。"我说:"肯定不是。从你的笔迹和内容来看,七篇小练笔是一气呵成。我当语文老师这么多年,一眼就能看出来。"这下他只能点头称是,他一脸无奈地说:"我也没办法,天天有作业,只能打歼灭战。到了最后一天,才知道时间完全来不及了,只能少写点,但也总算完成任务了。"我说:"你拖延的是作业,损失的是机会,没有质量的作业,等于没做。"

一篇小练笔能花多少时间?拖啊拖,拖到后来敷衍了事。本来天天练,练的是能力,练的是习惯,因为"学习拖延症",使他失去了能力的锻炼,也养成了一个坏习惯。

是什么原因导致学习拖延症?

根据我平时对学生的观察,患上"学习拖延症"大致有以下几个原因。

一是性格所致。有的学生平时做事就拖拖拉拉,动作比较慢,一点也不急。每天老师布置的作业肯定有一定的量,做作业速度太慢,导致时间来不及,长期下来,拖延就习惯成自然了。这样的学生很吃亏,做作业要有质量,也要有速度,这个也要有意识锻炼。如果考试时,也是不紧不慢,那拖延的可是最要命的考分。

二是害怕吃苦。现在许多学生平时娇生惯养,很少吃苦,很少受累。平时诸多的琐事都是父母包办代替,他们平时做事都畏缩不前,更不要说面对艰苦的学习任务。谁都知道学习是非常艰苦的,做作业也不轻松,对他们来说,那就是一座大山,能躲就躲,能绕就绕,没有

迎难而上的勇气，做作业当然也就能拖则拖，拖一天是一天。

三是盲目乐观。与害怕吃苦的学生正好相反，总感觉做作业没问题，尽管学习成绩一般，但没有一点危机感。他们认为老师布置的作业很快可以完成，着什么急。考试考砸了，也不是自己不会做，只是粗心大意了。他们拖延的理由很乐观，认为时间有的是，先开心休闲着，到时肯定可以一举搞定。

有位学生家长跟我说，他的儿子太自信，自信得莫名其妙，我让他快做作业，他说急什么。我让他准备明天考试，他说急什么。我怎么能不急？我儿子告诉我考试的结果有他的特色，你降低一个等级理解往往是准确的。他如果说这次考试成绩超好，那说明他成绩尚可，他如果说这次考试成绩很好，那说明他成绩基本及格，他如果说这次考试成绩还可以，那就意味着成绩一定不及格。我最怕听到"还可以"三个字，就像癌症病人说自己没问题，没问题。

四是无所畏惧。这样的学生心里就没什么可惧怕的，老师批评、父母责骂就当是耳边风。上课听不懂他无所谓，考试成绩不好他也不紧张，当然按时完成作业，对他来说也基本没概念。天天都这样，想做作业就做做，不想做了，管你什么时候要交。他完全没有压力。

迈出第一步 攻克拖延症

"学习拖延症"实际上是一个坏习惯，拖了你学习进步的后腿，也最直接影响你的学习成绩。那么有什么好的医治方法呢？我想最好的态度是下决心去克服，最主要的方法是鼓起"迈出第一步"的勇气。

有位体育老师跟我说起过他上课的感受，我认为他说得极好。

他说，体育课上有许多锻炼项目，长跑是学生最为惧怕的。很累，气喘吁吁，腰酸背痛，平时不经常锻炼，一旦要长跑，学生有很强的畏难心理。其实他们的畏难往往只是在还没有开始时，真的迈开了第一步，勇敢地跑了出去，绝大多数学生都能完成得很好。而且越跑越有劲，此时身体内各种内分泌都调动起来了，一起来支持他的运动，不仅有了达标的奇迹，而且还产生了运动的愉悦。所以我指导学生长跑，首先是鼓励他们勇敢地迈出第一步。

同样的道理，你如果十分畏难学习任务，经常拖延完成作业，是否也可以像体育老师所说，勇敢地迈出第一步。就像初学游泳的人，面对深不可测的泳池，在池边缩手缩脚，真的一跃而下，也就这么回事，并没有想象的那么可怕。也许今天作业很多，也很难，你千万别让畏难情绪先入为主，而是先打开练习本做起来，勇敢迈出第一步。此时你就可能发现，自己完全可以完成作业。当你打开作业的第一页，当你拿起笔来写上第一笔，你已经开始向拖延症宣战了。

其次的方法就是选择自己能够完成的学习任务，先着手去完成。譬如今天面对的回家作业比较多，但肯定有的作业比较容易完成，自己的基础能力强，而且任务也并不重，那么先解决它。因为这项作业容易完成，你也不会十分畏难，因为这项作业很快可以完成，你马上就获得了成就感。所以先去完成可以完成的学习任务，就是让你尽快体验轻松愉悦感，产生学习的间接兴趣。

什么是学习的间接兴趣呢？就是对学习过程没有兴趣，但对学习结果有兴趣。完成一项学习任务，你也许没有积极性，但对完成学习任务后所产生的收获有兴趣。背英文单词很枯燥，没兴趣可言，但单词背出后能提高考试成绩，能强化英语水平，甚至以后能从事翻译工作。这

种预期的美好结果，会引发你背英文单词的动力，背单词虽苦犹乐。同样道理，你先将可以完成的学习任务完成，很快就有成就感，心情舒畅，斗志昂扬，进入了完成学习任务的良好状态，也许就能一鼓作气，一举完成当天的全部作业。相反，如果一上来就做自己最头痛的作业，步履艰难，厌烦之情油然而生，极有可能找个理由拖延作业了。

  此外，还有一个好方法就是我们平时一直提倡的制订学习计划，实用点可以制订每天完成作业的时间表。先做什么，后做什么，有具体的时间节点。其作用还不仅仅是有一个合理的时间分配，更重要的是给自己适度增压，因为拖延症的一个重要缘由就是没有压力。其实我们做任何事都有规定的时间节点，不可能无限拖延，一再拖延什么事也做不成。我们考试，就必须在规定的时间内完成。我们上课，也需要在一定时间内学会某一项内容，老师教学、备课时有明确的完成某一项内容的课时节点。所以在家做作业，也要有时间规定，这样我们就不会随心所欲。不能随心所欲，就是一种压力。你制订了做作业的时间表，也就是自己给自己增压。

  其实，学习的拖延症是完全可以克服的，关键是要自己能管理自己，否则将危及你一生的学习。古人早已告诫过我们：明日复明日，明日何其多，我生待明日，万事成蹉跎。

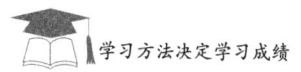

退一步,海阔天空
——教你一招克服弱项的学习方法

柳暗花明,有时竟如此简单

读书学习总有步履维艰进退维谷的境地。有时候,学习深入到一定的程度,就感觉进入了瓶颈状态,无论怎么奋发,怎么进取,都无法克服障碍,难以继续前进。这时往往会产生急躁的情绪,有时干脆自暴自弃,自我暗示道:"我反正再努力也无济于事,不如不学了。"有的学生高考几门功课中有一门弱项,严重影响了最后的总分,补习了一段时间,见效果不明显,也就失去了干劲,只能望洋兴叹,听天由命了。

如果我们一切从头开始,从这门课程的第一章开始复习,情况就完全不一样。

从头开始就是不管你学习这门课程已达到什么深度,回到刚学这门课程的起点,从零开始复习。自己认为哪里是学习的起始之处,就从哪里开始,一课一课按部就班地进行。从第一课开始,认认真真地看,看懂了就向前继续,看不懂停下来仔细琢磨,也可以询问老师或同学。这个方法的实质就是把这门你认为很艰难的课程再重新理一遍,就算很简单的知识点也不要轻易放弃,就算一眼带过也比完全忽略要好得多,要做到

扎扎实实，稳步前进，直到与自己预定的学习进度一致为止。

这时奇迹产生了。你会突然发现一些难以攻克的内容并不可怕，有许多新的知识重新激发了自己学习的兴趣。因为从头开始就意味着减轻了难度，就如从险峻的山峰回到了辽阔的平原，视野开阔了，走路轻巧了，产生的喜悦完全取代了以往对于这门课程的恐惧，很容易找回消失已久的自信。知识补习，从头开始，一路过来，巩固了许多过去可能遗忘的知识，学习基础得到了空前的加强，比以往任何时候都牢固。凭借这股冲力，一鼓作气，极有可能一下子突破困扰多时的学习瓶颈。知识具有很强的系统性，往往一处被阻塞住，就无法继续学习，其原因多半是因为前面的基础没有掌握好，问题出在过去而不是现在，因此必须追本溯源，才能治标又治本。知识常常是网状结构，我们称之为知识网，因此它具有一种触类旁通的效应，譬如语文学习会影响外语学习，数学学习会影响物理学习，文科学习会影响理科学习，各门学科之间都有一定的联系，都会在一定程度上相互影响。从头开始，就是对知识网重新加固补织。补好了这张网，不管是大鱼还是小虾，都可一网打尽。

考前复习，原来遵循的是这一规律

所谓从头开始就是巩固旧知识，拓宽新知识。现在非常流行的高考三轮复习，一般三轮都是从头开始，每一轮内容逐步精练，实质上也是网状推进。前面的基础没有扎实地打好，盲目赶进度，只求速度，不顾效果，这种复习是要失败的。

有人担心，这样从头学习，岂不是很浪费时间？从小学复习到高

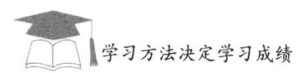学习方法决定学习成绩

三,我们学习近十年的课程再从头来一遍,可能吗?尤其对于高三的学生来说,时间就是效率,这样从头学习无异于浪费时间。

这种担心完全是多余的,你可以实践一下,在实践中会发现,我们不是从头开始学习,而是从头开始复习。对过去的知识我们并不是一无所知的,而且相当多的内容可能掌握得很熟练,所以许多章节是一晃而过,遇到了困难,也只是略为停顿,并不像学习全新的知识那样需要花大量的时间思考和练习。这种学习从某种意义上说就是再认和回忆的过程,就好比我们遇到一位陌生人,要了解他,那当然需要花费许多时间去询问,去交流。而如果遇到一个老朋友,虽然多年未通信息,但只要一见面,甚至一提起,过去的音容笑貌都会浮现在眼前,过去的琐事都会历历在目。从头开始复习利用的正是这个原理。

有人还问过我:已到了高三复习阶段,还津津乐道初中的内容,就不怕人家笑话?问我的这位学生平时很要面子,很喜欢在同学中炫耀自己的成绩,而他其他成绩都很好,就是化学成绩总不及格。于是,他向老师求助,老师给他诊断的结论是初中化学基础没打好,让他找个初中化学老师补习一下。这使他更感到很没面子,找到我气呼呼地说:"化学老师讲话没水平,让我去补初中的课,这不是讽刺人嘛。"我很认真地劝导他:"万丈高楼平地起,你基础不牢,怎么能建成高楼大厦?"他不大愿意接受我的劝说:"我知道自己基础不好,但让初中老师补化学,让别人知道,笑死人了。"我这下全清楚了,他是知道自己学习的问题,只是怕人耻笑。我开玩笑地说:"笑到最后才是英雄,为了能在高考后放声大笑,现在就让别人去笑话吧。"经我这么一说,他平静了许多,没多久就偷偷地找老师去补习初中化学了。学习很现实,不懂就是不懂,来不得半点虚伪,基础没打好,硬要往上攀升,其结果只

能是跌个大跟头。许多学生面临学习的困境,却不愿意回头看,懒得从头进行,结果耽误了中考、高考,后悔、懊恼也无济于事。

我给学生进行高考复习,语文经常是从拼音字母的复习开始,对高三的学生而言,那些久违的拼音的确被遗忘了很多,有的即使还在使用,也只是一种并不熟练的工具,早已说不出所以然来。而辨别读音是语文高考的一个必考内容,没有拼音作为基础,字音就容易出错,自然就拿不到考分了,因此这种从头复习就显得非常重要。但有些学生不很理解,每次我说到拼音,讲台下就会一片哗然:"哈哈,老师把我们当小学生了。""哈哈,老师有这个必要吗?"为了纠正他们的想法,我每次都要对他们说以上这番道理。

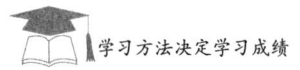 学习方法决定学习成绩

横向比,纵向比?
——哪一种更能反映你的学习成绩?

闻高分则喜,闻低分则忧?

过去我家隔壁有一户人家,父母都没多少文化,他们的儿子也不喜欢读书,小学读了八年还没毕业。那时父母绝对不像现在家长那么重视孩子的学习,只要孩子有书读就心满意足了。然而他小学迟迟不能毕业,也使得这对父母整天心事重重。可只有考试及格了才能毕业升学啊,所以每次儿子考完试回家,就常常听到他们大声问道:"考试及格了吗?"在他们心目中,及格的60分与满分100分没什么差别,只要能及格就是天大的喜事。可惜就连这样一个基本要求,他们的儿子也很难达到,成绩册发下来,常常是大红灯笼高高挂。有一次总算盼到考试及格了,这对夫妻逢人便说:"我儿子有出息了,现在懂事了,考试及格了。"并当场许诺给儿子买一双新鞋以资鼓励。但儿子的新鞋始终没有兑现,邻居就问了:"你妈怎么不守信啊?"儿子无奈地说:"老师又来家访过,说我只考了60分,其他同学全在90分以上,暑期还要去补课,晦气!"父母再糊涂也明白了,儿子的成绩仍然是倒数第一,而且与倒数第二足足相差30分,新鞋自然不能兑现了。

我这位邻居可以算是不善于"教学质量"分析的典型例子。但现在的确有许多家长和学生，评判成绩只看一个分数，闻高分则喜，闻低分则忧，不免失之偏颇。

你信不信，老师掌控学生考分的高低

考分是测量学生学习效果的标准，是一种评价手段，并不能说明全部问题。可是在升学考时，的确是凭考分分野，学生自然把考分视作荣辱成败的象征，"考分考分，学生的命根"。但平时在学校里，老师常常把分数作为调节学生学习态度的一个杠杆。

譬如说，学生一直在艰难的学习中乌云密布，学习成绩一路下滑，老师就会在某一次测验中，降低考题的难度。难度一下来，考分自然就上去了。一场测验下来，大家都庆幸拿到高分，在一片成功的喜悦中，学生的自信心大幅上扬。但有时老师也会发觉学生们对某一项教学内容有些掉以轻心或不以为然，那么考卷出得难一些，以此压一压学生的骄气，引起他们的警觉，于是考分普遍"惨不忍睹"，让学生们不得不用心反省。过去教育界讨论过"高分政策和低分政策"的得失，这的确是一把双刃剑，既可提高信心，也可以杀杀傲气，重要的是教师在什么情况下使用，如何使用。

我们明白了这个道理，就不该盲目地为单纯的分数或喜或悲。也许有人会产生疑问：难道考分测不出学生的水平吗？当然不是。科学的方法应通过比较分数来了解自己的真实成绩。

这种比较分数的方法，我提倡横向比较，不要纵向比较。所谓横向比较就是在同一场考试后，拿自己的分数与班级的同学比较，比比名次，而不是只看分数。如果是全校统测，那么就放在全校同学之间比名次；如果是全市统测，那么就应该放在全市学生中看名次，这个比较方法能够真实地反映出考生的水平。我在每次全市模拟考试之后，总让学生作三个比较：自己的成绩在班级中的位置，班级在全校的位置，学校在全市的位置。这就非常容易测得自己学习在全市学生中大致的名次，是前三分之一，还是后三分之一，一般都能准确掌握。如果想要比得更精确，那么只有教育部门的统计机构做得到。作为一般学生没有必要了解得那么精确，你只要知道自己大概学习水平就可以，这样就可以决定是否要补习，将来考什么学校，仅此而已。如果学习成绩了解的结果只是刺激自己的心情，那就没什么大的意义。

我不提倡纵向比较。有的家长和学生喜欢拿这一次的考试成绩与上一次相比，这个方法很不科学。就如我前面所说，每次考试的内容、难易程度都不一样，比较下来，分数的高低并不能完全说明问题，有时还带有一定的盲目性，结果反而影响了对自己学习成绩的判断。

两耳不闻窗外事,一心只读圣贤书?
——你千万别上它的当

死读书,等待你的不一定是好成绩

"两耳不闻窗外事,一心只读圣贤书",有时候虽然被我们用来调侃那些专心读书的书呆子,然而却是复习迎考之际,家长和老师对学生学习态度的现实要求。时间宝贵,恨不能每分每秒都扑在课本上,家事、国事、天下事,事事都可摒弃,唯有书本不能有半点疏漏。

"一心只读圣贤书"真能考出好的成绩吗?我以为未必。

出考卷的老师不可能完全按照书本的内容来命题,命题原则大都要求内容的综合性、知识的迁移性。书读得太死,不会灵活运用,只会依样画葫芦,没有解决实际问题的能力,很难在考试的较量中旗开得胜。有一年我带一个班参加高考,那年适逢"七七事变"50周年,考试的第一天正巧是7月7日,语文作文题即为"有感于五十年前的今天"。题目出得很合时势,也给予学生自我发挥的空间。当时据说至少有三分之一的学生一下子反应不过来,事后还愤愤不平:"考语文还是考历史?"什么作文素材、什么审题技巧,准备了半年,此时都派不上大用场,还有一半学生抱怨说:"这种事情我们又不知道的。"其实这

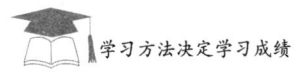
学习方法决定学习成绩

几天,关于抗战爆发五十周年的纪念文章、时事评论、背景介绍铺天盖地。各类电视新闻、书报杂志,随便看看,俯拾皆是。那么是什么让考生们会感到似乎与世隔绝而一筹莫展呢?原来就是"两耳不闻窗外事"惹的祸。

"磨刀不误砍柴工"对迎考的学生还有另一层意思

其实,合上书本,出去走走,外面的世界很精彩,你若留意,处处是学问,知识就散落在我们生活的周围,无意间接触的一些事情有可能在考试中帮上大忙。

譬如说写作吧,除了可以从许多课外读物上吸取素材之外,在日常生活中也可以得到许许多多写作的材料。身边发生的小故事,听别人说的一些小事情,都能给人无限的启发,而且从中提炼出来的主题和思想,更为丰富更为鲜活。倘若一直沉浸在干巴巴的课本中,没有了生活,材料就是那么一些,写来写去,很少有新意,而且也极容易与别人雷同。也许有人说,考试在即,哪有时间做其他事情?其实不然,越是临近考试,越是要花一点时间去接触社会,这也是复习迎考的一个不可或缺的组成部分,说不定在接触社会的无意之间,就能获得很多与考试内容相关的信息。

我曾拜访过一位出过高考试题的老先生,他是上海某大学的一位教授,当年受命参加高考命题是在突然之间,不让带任何资料,也不要告诉任何人,考试院将他们一帮命题人员安排到一个外地的度假村,进行全封闭的管理,连电话也不允许往外打。他的任务是选一段文章,出关于"文章分析"的试题,而且还被告知,尽量避开社会上流行的各种复习题、辅导书,给全体考生一个公平公正的机会。老先生为命题绞尽脑汁,最终完成得非常出色,考完后好评如潮。与我交谈时,他笑着对我说:"你知道那段'文章分析'的材料我是从哪儿选来的吗?"我说:"你那么多书,还缺材料?"他哈哈大笑:"我是从带去裹雨鞋的报纸上摘录下来的。走得太匆忙,什么也不许带。带了一双雨鞋,随便拿张过期的旧报纸一包。在用雨鞋时,突然看到这张旧报纸上有一段文章极好,我也正愁找不到材料,就将这段文章选进去,得来全不费工夫……"恐怕考生们怎么也不会想到,费尽心机猜测的高考试题竟然出自一张裹雨鞋的旧报纸。如果你是一个能经常接触社会的学生,说不定也看到过这段材料,那可真是太幸运了。

  对于复习迎考的学生来说,长期疲劳读书的效果是极差的。不妨出门走走,看看婀娜多姿的绿柳,欣赏皎洁如玉的月色,领略自然的田野风光。到街上跑几家书店,看看书报杂志,了解了解当下时事,既积累知识,培养情操,又劳逸结合,有张有弛。科学实验就证明,各类活动交替开展,有利于消除疲劳,增强记忆,"磨刀不误砍柴工"讲的就是这个道理。

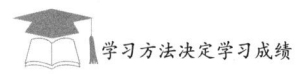

习题集越多越好？
——当心被练习题淹没

吃透一本习题集

现在各类教辅书、习题集实在是种类繁多，走进书店，让学生眼花缭乱，不知如何选择。但是，无论是家长还是学生都本着多做练习有益无害的想法，慷慨解囊，大量购买各类习题集，进行无休止的题海战术。

这实在是一个极大的误区！就拿大家最了解的饮食来说，难道是吃得越多越健康？其实不然，所谓"少吃多滋味，多吃害肚皮"说的正是这个道理。

若是已经掌握了扎实的学习基础，尚有余力，多做几本习题集，也确实没什么坏处，多练练，熟能生巧。但是众多学子尚处在学习打基础的阶段，毫无选择地进行题海训练，很有可能引起思维的混乱。多做，有时是重复劳动，浪费时间，没有效果。乱做，还会误导学生，因为一些习题集的体系与版本不同，产生矛盾让学生无所适从。

编写习题集，应该根据学生的认知规律，形成科学的体系。一本优质的习题集，每道题目都蕴含了教师的精心设计和最终目标，学生

做完一题就是一个进步。而现在市场上铺天盖地的习题集,有不少应属伪劣产品,质量低下、互相抄袭、错误百出。有的还包装精美,常常冠以某某高校、某某名师指导,完全是金玉其外,败絮其中。对于这样的习题集一定要避而远之,切不可认为拿进篮子里的都是菜。

即使我们找到了优质的习题集,还要仔细检查是否与自己的学习相匹配。每个学生基础不同,学习能力也有差异,对习题集的要求也是不一样的。一般来说,一本适合自己练习的习题集应有两个特性。一是根据知识的深浅有循序渐进的排列。我们平时学习,也是由浅入深,逐步加深,那么做习题也应该遵循这个原则,一个台阶一个台阶做上去,不会很累,不会有跳跃式的不适。二是习题集与自己的课堂学习相一致。同样一个知识点,习题也可以有难有易,我们要准确判断自己的水平,打开习题集看看,有否似曾相识的感觉。习题太难,容易使自己丧失信心,习题太易,对学习的进步没有帮助。

注意,习题有时并不只有一个"解"。

编习题的老师大都会有自己的观点,也很钟爱自己的观点,所以编写习题中常会有作者平时的观点,成为一家之言。这样,同样的题目在不同版本中有不同的解释,答案也会存在差异。你是个学生,又是刚接触这些新知识,面对这样的差异会很不习惯,因为我们平时学习,老师分析试题常常讲的是一个标准答案,要么是对,要么是错,我们追求的是一个题目一个"解"。所以遇见了多个"解",学生往往不知所从。我是语文老师,在讲课时教学生字的正确读音,学生牢牢记住,认为正确无误。但如果一个字有多种读音,学生几乎没耐心听我分析,会一致要求我只给他们一个"解"。他们管不了那么多,只要考试时能正确答题就可以了。

你要学生自己去分析一个答案有几个"解",为什么是对的,为什么是错的,这类带有学术性的争议对他们显然不合适,尤其是小学、初中学生学习还是以吸纳基础知识为主。平时老师出题也尽可能避免有争议的答案,中考、高考试题也比较注意答案的唯一性,否则容易扰乱学生头脑中的信息,而且评判打分也难。但习题集有多种版本,由多人编写,发生答案不一致,推演思路不一致的概率比较高,那么习惯一个"解"答题的学生真不知道听谁的了。常有学生拿着书店买来的习题集找我,要我对照课内的习题,解释为什么答案会不一样。其实他们并不很关心其中的原因,而是质疑为什么标准答案不标准?我的考试成绩怎么算?有时弄得我也不知说什么好。

最近有一则新闻报道,引发教师们的关注。有位小学老师教学生"四"这个字的笔顺,第二笔,老师要求是横折勾。学生说有的教辅上说的是横折,没有勾。老师去查寻资料,结果发现中国语言文字最权威的两个部门竟然是不一样的说法,一家部门说应该有勾,一家部门说没有勾,老师就不知道听谁的,今后的教学怎么教?

选一本适合自己的习题集最重要

面对铺天盖地的习题集,千万不要照单全收。我的忠告是选择一本适合自己的,彻彻底底将它吃透,直到烂熟于心之后,你才可以从容面对形形色色的习题集。道理很简单,就好比先占有一块根据地,深入其间,精耕细作,才能收获累累。当认真做完了一本练习集,反复操练,待到深得其中精髓之后,就可以在较为扎实的基础上通过比较,有条件地接受新知识。有时候,尽管两本习题集的观点不一样,也可以通过自己的分析，寻求正确的答案，从而更好地培养辨析能力，而对辨析能力的考察正逐步成为命题的趋势。

如果自己没办法选择，还可以向老师和同学询问，听听他们的意见，了解他们都在选用哪些习题集，为什么这么选择。现在有些出版商，由于利益驱使，大肆粗制滥造，严重影响了教辅资料的质量，因此可以上网查询，选择一些口碑好的出版社和发行商。

对于那些还未能摆脱只求有一"解"的学生，还是要先站稳脚跟，不要贸然跳进习题的汪洋大海。随着学校教学改革的不断深入，研究型课题和拓展型课程的进一步发展，学校也将会逐步重视培养学生综合思考和独立思考的能力，各级考试才有可能完全将这些原则精神落实到命题中去。但是现在时机还未成熟，学生们的思辨能力和独立思考能力尚未完全具备，多种解释的答案极有可能扰乱他们的思考，何况教育考试改革也尚未达到一个较为成熟和理想的状态，我们仍然需要一本体系分明、紧扣试题、适合学生自我提高的教学辅导书和习题集。

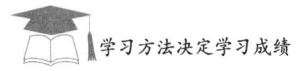

让巧克力监督孩子的学习
——学习动力需要合理的物质刺激

给孩子一些看得见、摸得着的奖励

有些出手阔绰的家长,总喜欢跟孩子许诺,成绩提高一分,奖赏人民币若干,考完兑现,绝不食言。这样的做法引起了传统舆论的反感,物质奖励,让读书学习斯文扫地。

物质刺激夸张得过了头,读书学习充满了商业色彩,肯定不符合教育规律。但是一定的物质刺激有时并不完全是坑害学生。其实,谁不期待劳动后的收获?谁不期盼学习后的奖励?一分耕耘一分收获,对于学生来说,他们最理想的收获是取得优秀的成绩。可是对于那些自控力不强、自制力不够的学生来说,这种"金榜题名"的收获似乎过于遥远,那些"长大后成为社会栋梁之才"的正面教育也不一定十分有效,如果能给予他们一些看得见、摸得着的奖励,效果或许会很好。

让我们回想一下,当我们还是幼儿的时候,为了不让我们哭闹,父母会给我们买好吃的食物;为了让我们安静听话,父母会许诺给我们买好玩的玩具;为了让我们开开心心去上学,家长也许不惜重金购买价格昂贵的书包、文具。这些何尝不是一种物质刺激呢。孩子开始读书以后，适当的物质刺激当然是必要的，只要不过分，不离谱，学习积极性很容易就被调动起来。

尤其在低年级，这种方法相当奏效。有一个孩子，对巧克力的喜爱达到了痴迷的程度。于是他妈妈就想到了巧克力鼓励法，给他买一大堆弹珠巧克力，每当他做作业的时候，就规定他每完成一门作业，可以吃一粒巧克力，如有作弊，就没收所有的巧克力。那孩子真的严格遵守规定，每做完一门作业，就往嘴里塞一粒巧克力，笑眯眯地咀嚼着巧克力，心花怒放，也分不清这是完成作业的喜悦，还是享受巧克力的满足。这种即时的回报，成了孩子完成作业的动力。他妈妈告诉我："过去我就是坐在他旁边'督战'，作业也还是完成得丢三落四。现在让巧克力来监督，比我管用多了。"

从"巧克力"到"电脑"，给我们什么启示？

后来孩子长大，进入中学，巧克力已无法满足他的要求。母亲开始用讲道理的方式鼓励孩子学习，苦口婆心地讲了许多，从华罗庚到陈景润，再到比尔·盖茨，希望他能从中汲取学习的动力，却收效甚微。儿子读书学习的劲头像壶温吞水，不热不冷。有一天，母亲发现儿子对电脑着了迷，每天上网，劲头十足。母亲语重心长地说："儿子啊，你不能再玩电脑了，高中的学生谁不在努力啊，你会把前途都玩光的。"孩子却不以为然。母亲想起了当年的巧克力，与其每天监管他不玩电脑，还不如让电脑来监督儿子的学习。于是就与儿子谈判："你喜欢电脑，也没什么不好，如果能保证在课余玩电脑，我才支持你。"孩子说："那没问题，我保证就是了。"母亲就慷慨地把电脑搬到了儿子的书桌上，对儿子说:"电脑就在你旁边,但每天必须完成所有的作业,才能打开电脑。违反一次,你就与电脑永远再见。"儿子喜滋滋地看着电脑,爽快地答应了条件。后来,那位母亲还曾来请教我:"有没有什么程序设置之后,只有孩子做完作业,电脑才会自动打开?"我回答她:"好像没有。"几年以后,我们又谈起电脑监督学习的方法,我问这位母亲:"你的儿子信守承诺吗?"她高兴地说:"他怎么会不守信呢?如果违反一次,我肯定让他与电脑绝缘,他知道我脾气。而作业完成了,他可以尽情地上网,不需要再躲避家长的突击检查。这种愉快大概是别的孩子都享受不到的吧,我给了他多高的奖赏啊!"

奖励的方式原来这么多

这种物质鼓励的方法看似可笑,却体现出了一个普遍的道理:人们大都期待付出以后的回报,如果这样的回报贴近而实在,学生就会产生无限的学习动力;相反,如果这样的回报空泛而遥远,学生的信心也会随之减弱,谈不上激励,对学习也就变得毫无意义。老师对学生说:"认真学习外语,将来你能到国外当外交官。"学生会认为老师在开玩笑。而当家长对孩子说:"认真学习外语,今年大考得个第一,我们去旅游。"学生也许会暗暗地努力,争取实现放假旅游的欲望。

当然我所说的"物质刺激"并非一定指物质,它泛指一切让学生学习后所获得的即时回报。譬如给自己学习制定一个阶段性的学习计划,完成了就可以给自己一个奖励。或者去打一场喜爱的篮球,或者看一场向往已久的电影,或者过一把网络游戏瘾……哪怕是舒舒服服睡个懒觉,只要是自己渴望的,都可以作为一种奖励的方法,来鼓舞自己突破学习中的困难。在这过程中,最关键的是要把诱导一直坚持到完成一个既定的任务之后,中途不要寻借口、找理由,没完成作业就吃"巧克力",那么物质刺激的结果只能是刺激自己的物质欲望,从而背离了初衷。

物质刺激是一种手段,不是目的,物质刺激最终是要激发学生学习动力,这两者是万万不能颠倒的。

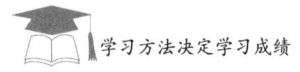

拨准你的生物钟
——利用黄金时段提高学习效率

一些常常让老师看不懂的学生行为

社会上曾流行过一种"生物钟"的说法，说是一个人，什么时候睡觉，什么时候吃饭，什么时候学习，都有一定的规律。到了这个时候，就有这种需求，违反这个规律，人就会很不舒服，做事效率也随之降低。但这种生物钟并不千篇一律，不是所有的人都会在同一时间做同一件事，生物钟有很强的个体差异。

为什么有的学生喜欢在晚上学习，而有些学生喜欢在白天看书？为什么有的学生早晨的记忆力特别好，而有些学生却在临睡前记忆力最强？这些都属于个人生物钟差异。而传统的学习观念是清晨背诵有益于记忆，认为清晨一觉醒来，头脑清醒，记忆能力最强，此时背诵效果最佳。传统的学习观念又认为，学生夜里学习，思维迟滞，非但效率降低还会影响第二天的正常学习。

可是事实证明，有些学生按照自己"特殊"的作息时间来学习，各方面都能安排得当，学习效果也很不错。有时这些的确会让那些以传统方式要求学生作息时间的老师和家长大为不解，而且还颇为担忧。

但从"因人而异"的观点来看，学生的这种非传统习惯，也许正是他的"生物钟"影响下的结果。

这学生为什么第一节课一定要伏案小睡？

我遇到过这样一个学生，他每天上午上课，第一节课一定要伏案小睡。这当然是校纪校规所不允许的，上课怎么能睡觉呢？而且是上午第一节课，应该是精神最饱满的时候。老师问家长，这位学生是不是每天晚上都熬夜，家长说这孩子很早就睡了，而且睡眠好像也没有什么问题。老师又让家长带他去看病，精神不佳是不是有什么疾病。家长说，早就请医生做过检查了，一切都很正常。于是老师开始做他本人的思想工作，问他是不是讨厌上课，或者特别不喜欢第一堂课的学科。他对老师的问题十分反感："我第一节课就是想睡觉，从小学开始就这样，有什么好大惊小怪的？"老师说："不行，上课时怎么能睡觉呢？你得想办法克服。"在老师的压力下，他只能努力去纠正这一毛病。买来了万金油，上课前涂在太阳穴上，再喝上一杯浓浓的咖啡，上课时正襟危坐，稍有困意，周围的学生就会提醒他。几天下来，效果显著，老师也十分满意，学生自己也松了一口气。可令人意想不到的事情发生了，从那以后，这位学生的学习成绩直线下降，不到两个月，就有好几门测验不及格。大家分析原因，发现他第一节课倒是不睡觉了，但一个上午都心神不宁，下午的精神状态更差，整个人都糊里糊涂的。他的心情也因此变得十分急躁，动不动就言语伤人，同学们都对他敬而远之。

他的异常反应使大家很快就想到他第一节课睡觉的怪癖，也许是他真的不可缺少第一节课的睡眠？家长再也无法配合学校做工作，希

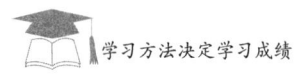学习方法决定学习成绩

望学校能给他们儿子一个上午第一节课睡觉的"特权"。老师只能被迫答应。

一切又都恢复了常态,这位学生获得了第一节课伏案小睡的特权。没隔多久,他的学习成绩还真又提高了,与同学的相处也和睦了。普天之下,无奇不有,上午第一节课非睡不可的学生委实不多。可这种特别而又极端的事例正说明了生物钟在每个人心理和生理上的不可忽视的作用。

每个人都有自己的黄金时段

一个人的生物钟基本是恒定的,并不能随心所欲地设计。

有人习惯回家先睡觉,一小时后起床,然后再精神抖擞地开始学习;也有人不到子夜时分无法伏案写作看书,不少著名作家都有这种习惯。还有人喜欢学习的间隙打瞌睡,我年轻的时候也是这样,累了随时随地睡一会儿,醒了就感到特别有精神。更有不少学生告诉我,他们清晨根本无法背诵,什么英文、什么古诗文,全是朦朦胧胧的,人人都说清晨的记忆最好,他们从来没有这样的体验,他们觉得清晨最好睡个懒觉,这样一天都有好心情。

正如每个人都有自己独特的生物钟一样,每个人也都有最合适自己的学习时段,我们将其称作"学习高潮"时段。在这个时段中,学生的精神状态最好,记忆力特别强,学习效率特别高。苏联心理学家巴甫洛夫的条件反射原理认为在固定的时间内,在一定的环境条件下,从事同一件事情,大脑的有关部位就会不由自主地兴奋起来。这就好比每天到了吃饭的时间,人的唾液和胃液自然而然地开始分泌,由此

形成条件反射。我想,学习高潮时段有时大概就如大海的潮汐,按时来临,汹涌起伏时,这时候什么怪题难题都可迎刃而解。因此学习高潮时段对于学生来说非常宝贵,也相当关键,我们要善于发现,并充分利用。

首先是善于发现,要有意识地去寻觅,规律是客观存在的,缺乏的是发现的眼睛。一天24个小时,自己在什么时段最喜欢做什么事情,完全可以分析出来。同样,在什么时段做什么事效率最高,也有一定的规律性,只要你留意,总结出来并不很难。

此外是充分利用,要确保这个学习高潮时段用于学习,摒弃其他干扰,全身心地投入到学业中。而且不同高潮时段要配合不同的学习内容:有的时段最宜背诵,有的时段适合做练习,有的时段听课效率高,还有时段可能特别有益于开展讨论,一到此时,能言善辩,口若悬河。弄清楚什么时段做什么事,并能够持之以恒,这样就能有效地巩固和发展自己的学习高潮,形成条件反射,极大地提高学习的效率。

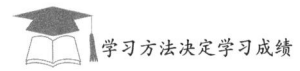

有疑问就要向老师请教
——直截了当的提问效果最佳

随着学生年龄的增长，上课提问的人越来越少，这正常吗？

在小学的课堂里，大家都喜欢争先恐后地回答老师各种问题，可是随着年龄的增长，学生在课堂上向老师发问的现象越来越少见。有了问题的，宁愿下了课追随老师身后问这问那，也不愿在课堂上"抛头露面"，这大概是由于学生的自我意识逐渐强化，顾忌越来越多，所以提问也不再是轻而易举的事情，然而这恰恰表明学生好的学习习惯正面临着退化。

一则我被问倒的故事

有一次，我上语文课，给学生讲修改病句的技巧。我说："不管句子有多长，只要寻找出句子的主语、谓语、宾语，一组合，句子中的毛病一下子就能找出来。譬如'参与这次高考命题的冯教授认真地解答了学生在高考中如何抓住题意的中心来正确答题'这一个长句，运用寻找主、谓、宾的'紧缩法'，就能够发现问题了。主语是'冯教授'，谓语是'解答',宾语是'答题','解答答题',谓语和宾语搭配不当,如果在'答题'后再加'的问题',就文通字顺了。"学生经我一说,都感觉概念清晰而明了,而且学到了一个很有用的析句方法。可一个学生却问我:"在语言中,搭配不当的多了,为什么有些不算错呢?譬如'救火''看病'。火不是越救越旺,病怎么能看?正确的应是'灭火''治病',但我们从不认为说'救火''看病'是错误的。"我不得不佩服这位学生的发散性思维,问题提得准确而具体。我给出一个解释:"语言有约定俗成的习惯用法,我们都这么说了,时间一长被大家所接受,那也就不算错。"学生又问:"约定俗成不算错,那么我们平时在作文中,用的都是同学之间说习惯了的话,您为什么老是指出这些句子是病句?"为了让学生能够明白,我尽量把道理讲得透彻:"学生之间形成的习惯用语还未被社会认可,只有经过长期口耳相传,被全体社会所接受,才能看作约定俗成。"学生又问:"那么多少人接受算全体社会?多长时间算长期口耳相传?"我回答不出了,只好说:"这个问题,我们课后再讨论,好吗?"学生接受了我的建议,虽然大家没有得出一个满意的答案,但在师生互动中,交流了思想,真的很锻炼思维。

互动的学习方法最有效

所以,但凡做学生,有不懂之处,尽可以向老师提问,这种及时请教的方式在学习中很有用。老师的回答往往有很强的针对性,完全是针对发问学生的疑惑之处来回答的,按照专用术语的说法,叫"没有冗余信息"。而平时上课,不管学生们懂还是不懂,老师都要讲一遍,有许多内容对个别学生来讲,也许是多余的。

向老师提问，问题解决得也非常及时。在课堂上，注意力完全集中，此时大脑处于高度兴奋状态，遇有不懂之处，非常渴望能够给予排除，经老师一点拨，就能迎刃而解。求知欲望十分强烈时，思维特别活跃，效果就很好。如果时隔多日，再去提问，当然照样也可以得到解答，但因为时间的原因，有的地方会遗忘，或者陌生，怎么也不及当场解决那么有效。

我想，更为重要的是向老师提问一定要直截了当，就事论事，想清楚了再提问，这样便于老师准确解答。可惜现在很多学生不会提问，要么问题提得大而无当，要么说得含混不清，这就使老师很难回答。有一次我辅导一位学生语文，辅导之前自然要对这位学生的语文学习情况作一个了解，从而找出薄弱环节，才能对症下药。我问他："你在学习中有什么困难呢？"他一脸茫然。我接着启发："你是写作比较差呢，还是文言文看不懂，还是其他呢？"他仍然无言以对，憋了半天，对我说："我语文考试总不及格！"语文不及格只说明语文成绩不好，但到底不好在哪里，实在不得而知。这就好比医生看病，总要对症下药，如果问不出病情，如何来诊治呢？

因此学生提问恰当与否，直接关系着老师的回答效果，提出问题的范围尽可能小些，不能把整册、整章的内容都提出来，这样至少在课堂上老师是没有时间也没有办法回答的。譬如对老师说"我平面几何不懂"、"我文言文不懂"，老师怎么可能把这么大范畴的内容重新讲解一遍呢？可是，如果对老师说："我文言文中的虚词理解不太到位"，这就要好回答得多，如果说"虚词中'之'的解释我不会"，那么老师更会讲解分明。此外问题还要提得具体清楚，学生与教师提问是不一样的，老师提问要给学生思考的余地，所以有时设计得曲折迂回。而学生问老师，就应当直奔主题，譬如"这道题为什么要这样解，而不能那样解？""这个字为什么只能用在此而不能用在别处？""这个英语习惯用语到底用在哪些场合？"越清楚地提问，老师的回答也一定会越明确。问得明白，回答自然就有针对性，老师也可以从学生的提问中，洞察他们的学习状况和真实水平，今后上课更有的放矢。

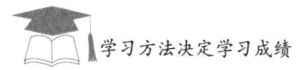

学生还可以"调动"老师的积极性？
——受益最多的还是学生自己

学生参与调动教师的积极性，并非天方夜谭

教育专家一直在研究如何调动学生学习的积极性，却少有提及如何调动教师的教学积极性，似乎教师的教学积极性与生俱来，经久不衰，而要学生调动老师的积极性，似乎更不合情理。其实，只有双方的积极性都调动起来，教育的效果才会充分显示出来。我们无法想象，老师上课无精打采，学生听课会津津有味，学生学业会长足发展。

当了几十年的教师，我从一名青年教师成长为教学骨干，始终觉得有一股对于教育、教学工作的热爱在支持着我，使我在大多数情况下都能精神饱满地投入教学。上了讲台，生龙活虎，会全然忘记与课堂无关的一切不快。但仔细想来，我也并不能做到每时每刻都保持很高的教学积极性。有时，遇到学生无理顶撞，心中的不快油然而起。如此辛苦教学，竟然得不到学生最起码的尊重。有时，上课就像演单口相声，无法与学生产生互动，精心准备的知识却不能引起学生的共鸣，失落感会严重打击我的工作积极性。可见学生的反应有时直接决定着教师的教学态度。

学习方法决定学习成绩

所以，作为学生，应该主动参与，调动教师教学积极性，这样最终受益还是学生自己。

聆听、请教、赞美，3个最有效的激励办法

教师一般都有较强的说话欲望，越说越起劲，越说越想说，就算说得筋疲力尽，只要有听众，就会口若悬河。有些教师，就算没有听众，到了家里，也会对子女说个不停。我有个朋友，早已成家立业，老爸总把他当成长不大的孩子，他总嫌自己的老爸啰嗦，逢人便说："我爸当了几十年教师，习惯成自然啦。"事实上，教师这个职业是通过话语与人沟通的职业，说话成为一种职业习惯。教师喜欢说话，那么就给他创造说话的机会，满足他说话的欲望。譬如，作为学生可以经常向老师请教问题，什么都可以问，不要担心会被老师拒绝。老师对学生的提问向来最感兴趣，所以学生提问正是投其所好。通过让老师说话，如果教师教学的积极性充分地调动起来了，学生当然受益匪浅。

除了向老师积极请教之外，在课堂上，能够安安静静地聆听，也是调动教师教学积极性的有效方法。只要认真听讲，就是对教师讲课的莫大支持。教师在上课前，精心准备，很想在课堂上将知识毫无保留地教给学生。如果学生听得无精打采，还要做小动作、说闲话、开小差，老师还有什么教学的热情呢？所以学生听课应该是全神贯注，关注老师的一言一行，时而露出会意的微笑，时而点头示意。这些最不起眼、最平凡的举动都是对老师最好的鼓励。一个好的课堂气氛，往往会激发教师的教学潜能，这是学生给予老师最好的回报，当然老师也会加倍努力，通过更加认真的教学来回报他的学生们。

有一次我聘请一位外校的教师上公开课，为了防止课堂上出小差错，我给他安排了一个课堂纪律最好的班级。结果出乎意料，他竟然明

确表示拒绝，这个班级太沉闷，师生无法互动。他对我说："校长，我谢谢你的好意。我们教师在课堂上讲课，有时真是讲得精疲力竭，可我们觉得再苦再累都不要紧，只要学生爱听，能与我互动，我的课就能上得很顺畅。"他一番话说出了许多老师的心声。

赞美的话几乎谁都爱听，老师也一样，出自学生口中的赞美则更加珍贵。如果能够经常肯定老师对自己的帮助，讲讲自己的进步，让老师体验教学的成功，这就是一种调动老师积极性的好方法。教师不需要夸张的溢美之辞，也不需要精美的礼品，能够听到发自内心的真诚感谢，就会激发出更多的教学热情。过去，每到春节前夕，我总能收到不少学生寄来的贺卡，很多学生都已经毕业，有的在大学继续深造，有的已经走上了工作岗位。他们感恩的话语、尊师的情怀让我心中常常洋溢起桃李满天下的自豪。相反，如果我们学生非但不对教师的工作给予肯定，反而针对一些小小的缺陷就指责，碰到一个小小的差错就抱怨，甚至当面顶撞老师，出言不逊，老师该多么痛心疾首。作为学生，你又能获得什么呢？

有一位老师，每次做考前辅导，总要犯泄题的错误，屡次受到教研组的批评。教研组的老师说："你把考题泄露出去，会使其他班级的学生感到不公平。你的学生了解考试的内容，其他学生不了解，会造成很大的矛盾。"他笑着说："我也不知怎么搞的，说着说着，就说漏嘴了。学生问这问那，这么热情，我真想把知道的全告诉他们。"教研组老师们说："你上学生当了，学生捧你几句，你就知无不言，言无不尽。就不能头脑中多一点保密意识？"他大概也知道学生们的小计谋，是在利用教师的职业特点充分调动他的"积极性"，聆听、请教、赞美，三管齐下，让他实在难以招架。

学会调动教师的教学积极性，并主动去调动教师的教学积极性，最终受益的肯定是学生自己。

为什么不向同学请教呢?
——有时同学的交流比老师补课的效果还要好

学习成绩下降,原来是失去了一大群要好的同学

"不耻下问"的古训说了几千年,真正"下问"而感"不耻"的并不多。即便老师,也少有不耻下问,向学生请教,几乎没有,至多听听学生的高谈阔论,即使心中佩服也绝不肯流露请教之意,否则置师道尊严于何地?唐代文人韩愈在《师说》中大呼"无贵无贱,无长无少,道之所存,师之所存也"。尽管韩愈说得辞恳意切,韩先生似乎自己也是一脸师道尊严,史书上似乎没有记载韩愈向弟子请教的轶事。

同学之间,虽无上下之分,但学生之间有一个无形的成绩排名表,大家公认哪位学生成绩好,哪位学生成绩差,如果成绩好的向成绩差的学生请教,似乎有碍面子,有的学生会怕别人嘲笑。

虽然"下问"并不盛行,"互问"则早已蔚然成风。学校教研组老师之间相互请教并不少见,因为授课所需,互相讨论,更利于授业解惑。学生之间也是如此,到教室走走,随处可见三五成群挤在一起交流学习,时而争执不下,时而互相对答,你的作业借我看看,我的笔记让你瞧瞧,真需要别人帮助时,全然没了耻与不耻,学生有时很天真,没有成人那么讲究。

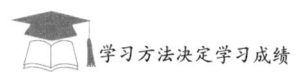
学习方法决定学习成绩

这种相互学习的风气非常有利于学习，有时比向老师请教，比去校外补课更有效果。

曾有一位学生，因家里搬到了郊县，上学变得不方便，于是转学到他居住地附近的学校。进入这个学校后，成绩一路下滑，急得父母顿足捶胸，互相指责，最后把矛头一致指向了孩子现在所在的学校。其实这所学校在当地口碑极好，大学录取率并不比原来那所学校差。那么问题出在哪儿呢？还是这个学生自己说出了原因。他来找我，实事求是地说："我现在的那所学校其实教学抓得很紧，作业比原来的学校要多，老师也更勤奋。我最苦恼的是，身边没了原来学校一大群和我要好的同学，没有他们，我感觉孤单单的，很不习惯。"我见他很伤感，就劝他说："那你到了新的学校，也可以重新开始结识新朋友，莫愁前路无知己。"他又说："在过去的学校，真的很开心。与那些同学一起上课，一起玩乐。尤其是在一起做功课，他们都会帮助我，即使有什么困难也很快解决。现在我和新同学都不熟悉，谈也没处谈，问也没处问。"我听出些原因来了，就问："那你成绩不好，是因为没有人帮助你吗？"他无可奈何地说："帮助的人是有的，我妈妈给我联系了市中心学校的补课老师，要花三个小时在路上，补课倒只有一个半小时，实在太不方便。我说让班级同学给我补习吧，我妈大发脾气，说是开什么玩笑，同学补课？是借口一起玩吧。"这个学生成绩下滑的原因已经显而易见了，正是失去了同学的关心和帮助，才使他的学习变得很困难。

找学校、找老师，为什么不找同学？

我常常不懂的是，学生或家长煞费苦心找老师补课，还要到名牌学校去找，不远"万里"，不惜重金，为什么就不让学生之间相互请

教,相互学习呢? 一味崇尚"上问",而不鼓励"互问",实是"小学而大遗也"。

  同班同学读的是同一种课本,听的是同一堂课,又是受教于同一位教师,而且大家在学习中思考的也常是同一个问题。共同的话语更容易使大家心灵相通。曾有许多学生迷信我是重点中学教师,不管我教什么教材,给哪一个年级授课,通通向我求教。仿佛我有什么通天之术,一经点拨,即可妙手回春,解决学习中的任何难题,这实在是强人所难。我不教这个年级,不教这个教材,为了传道授业解惑,只得临时抱佛脚,自己赶快补课,以解学生之惑。头脑中不经常思考的知识会有生疏之感,有时解释未必切中要害,学生千里迢迢拜师学艺,恐怕效果未必明显。

  学生之间的相互请教就完全不会有这样的隔阂。彼此之间有着非常熟悉的共同语言,也面临着同样的困惑,避开成人的监听,讨论问题也更加畅快淋漓。有许多不登大雅之堂的小窍门,出自教师之口有违师道尊严,在学生之间却流传得十分畅通,虽不规范但管用。我们的教学理论常常过分严格,甚至束缚老师们的思维,使其不敢越雷池一步,非礼勿视,非礼勿说,否则就有误人子弟之嫌。事实上,这样的教学理论并非无懈可击。有个学生曾私下告诉我,当初他学英语,许多单词就是读不出,苦恼了许久而无法入门。同学教他用汉语注音、利用记谐音的方法,使他逐渐找到了学习英语的窍门。在老师的规范教法中,这肯定是违规之举,老师们普遍认为这样的方法会让学生的英语学习走向歧路,但这学生偏偏认为自己是绝处逢生。而事实证明,这样的方法至少对这个学生奏效了。

  更重要的是学生之间互相请教十分方便。遇到难题随叫随到,拉过来可以问，扯过去就能教，远比挤出时间千里迢迢请教老师方便得多。同学之间如果有争论，效果更好，互不相让，唇枪舌剑，这些知识极有可能成为学生永远的记忆。

学生之间如果争论不出结果，大家都对讨论的问题束手无策时，再去向老师求教，这时老师的点拨就相当有效，因为他们是经过认真思考才提问的。但是这种求教的情况，相对于同学们之间的互相请教来说，也只是偶然为之。我一直认为，学生只要在课堂上认真听讲，课堂下与同学们多作交流，教师在课余的辅导意义实在不是很大。

我们需要怎样的书桌?
——保持桌面整洁能提高学习效率

书桌的摆设,会影响你的学习情绪

如果你有自己的书桌,是否想到保持它整洁干净的重要性?这不仅仅是讲究个人卫生的好习惯,还是提高学习效率的好方法。

有的学生很不注意收拾自己的书桌,各种小摆设、吃剩的食物、早已不再使用的文具、书籍,堆得满满一桌子。有的学生还喜欢在桌面上张贴人物照片、娱乐海报,或者一些自我激励的警句格言,不论是放得整整齐齐,还是横七竖八,都自以为很有气氛。实际上它们不断地刺激着你的视觉,都会影响学习。

放在桌面上的东西,学习的时候会不由自主地进入视线,而且有些物品还会引发无限的遐想,成为思想开小差的诱发因素。当学生全神贯注学习之时,要保持注意力长时间集中,本身就是件很不容易的事。一段时间后,即使没有干扰因素,也会产生疲劳而转移注意力。更不用说书桌上摆放着许许多多与学习无关的东西,无异于加快注意力分散的进程,干扰了正常的学习。

即使书桌上摆放的是与学习有关的课本、作业本,也尽可能在不

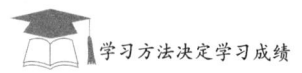

用的时候收拾好,不要堆放在桌面上。桌面上堆着一大堆书籍,容易引发焦虑的情绪。这些课本、书籍会给自己无形中增加压力:还有许多内容没弄懂,有许多作业还没完成……尤其是看到那些本来就有压力的学科,望而生畏之情油然而生,学习的平静完全被扰乱了。

家访时听到的故事:"我害怕见到书名"

我曾经到一位学生家里家访,顺便观察了他的学习环境:那是一个布置得十分舒适的小书房。书桌上收拾得一尘不染,一张旋转的工作椅,灵活而惬意。眼前的小书架上整整齐齐地摆放着一排书籍。令我奇怪的是,书架上的书全用白纸细心包裹起来,包住了所有的书名,又没有加上标识,清一色的"白皮书",根本就分不清是什么书籍。我好奇地问他:"为什么不在书脊上写上书名,否则如何区分?"他不好意思地说:"我害怕见到书名。"我第一次知道还有学生害怕见到书名,好奇地问:"都是一些教科书,为什么害怕呢?"他坦然地说:"我每天坐在书桌前,面对着这这许多教科书,语文、数学、外语,还有物理、化学,书多得叫人喘不过气来。每天看,每天都心惊肉跳,好像有什么东西在追赶我,我又无处可逃。我干脆把它们用白纸包起来,把它们全关进'笼子'里,就再也不会对我构成威胁了。"我大笑起来:"哈,哈……你这是典型的掩耳盗铃,自欺欺人嘛!"他没有笑,只是小声地说:"眼不见,心不烦,总比每天感到烦躁好!"我问:"那你现在要找书的时候,怎么分辨呢?"他怪我不懂做学生的苦楚,大声说:"老师你真太不了解我们了,那些课本天天要翻阅,就是烧成灰我也能分辨得清清楚楚,还需要写上书名么?"

摆放得整齐尚会对学习情绪产生负面影响，更不要说那些胡乱堆放的书籍、物件了。书籍琳琅满目，物品一片狼藉，这样一个混乱不堪的环境极容易引起自身的烦躁，人仿佛置身于一个垃圾场内，会极大地影响你的学习情绪。我们教师都有这样的体会，家访时都会去看看学生学习的环境，检查一下他的书桌，如果十分混乱，那么这个学生的学习成绩一定不会很理想。

你可以展示自己的个性，但必须随手能拿到想要的书

也许有人会说，有些学者的书桌也是很凌乱的，桌上堆满了书籍，人完全淹没在书海中，可是他们却成了有名的学者。其实这也因人而异，我就见过许多学者将书桌整理得一尘不染，书房也布置得窗明几净。当然也有学者喜欢埋头于书堆中，书桌上、书架上随处是书。但是，这些学者都有一个共同点，他们都有较强的方向感，需要什么，随手可得，且信手拿来准确无误。否则写一篇文章，做一个课题，光是资料就要搜寻半天，还谈什么效率呢?

学生毕竟与学者还有一定的差距。一般而言，善于学习的学生，大都善于营造自己的学习环境，也应该更善于整理自己的书桌。如果大家觉得我的"理论"有一定道理，那就行动起来，可以马上验证，看看在整理后的书桌上学习读书与过去相比，有什么改变。

先进行一次彻彻底底的大扫除，将不需要的物品全部收好归位，与学习无关的东西都应清除。不论是喜欢的还是不喜欢的，都暂且忍痛割爱，至少不要放在书桌上。如果有什么可以激励自己学习的物品，需要放在书桌上的，也要精心设计，不要随意摆放。要使自己的书桌十

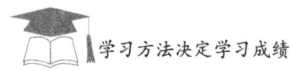

分清洁、整齐,留有足够的空间读书作业。有的社会学家认为,人需要一定的心理空间,这个空间的大小会极大影响人的情绪,而心理空间与自然空间又有天然的联系。因此良好的学习环境直接决定着我们的学习心态。

接下来,要花费一些时间和精力好好整理一下自己留在桌上的各类书籍。对于要放在书桌上的书籍,一定要排放整齐,同时要分门别类地排列。课本、参考书、练习册、作业本清清楚楚,一目了然。需要使用时,随手一拿,就可以准确地找到需要的东西。

如果能整理出这样一张书桌,实际上也就是掌握了一种更先进的学习方法,形成了一个更有效的学习习惯。

在哪里看书最有效？
——图书馆里读书最有气氛

寻找最适合自己的学习环境

学习环境对达到好的学习效果十分重要。每个人都有自己的学习习惯，也有自己钟爱的学习环境，这常常因人而异。

在家里读书学习，大多惬意：雅静的书房、宽敞的书桌、柔和的灯光，都能使人进入最佳状态，尤其是没有干扰，不容易分散注意力，可以全神贯注进行学习。也有专家不同意这样的观点，认为读书环境太安静舒适，会产生注意力疲劳，时间一长，思想反而会开小差。而且在家读书、学习太自由，一会儿喝水，一会儿听音乐，太没有约束力。

我有个同事常常抱怨自己孩子读书静不下心来。他家的学习环境可以说是相当舒适。孩子有自己专用的书房，空调恒温，书桌宽敞，而且远离闹市，真可算得上读书学习的世外桃源。但外面下雨，同事的孩子可以站在窗前观赏半个小时，屋里飞进一只蚊子，他可以四处寻觅，噼噼啪啪打个半天，心思完全不在书本上。对他来说，环境再理想再雅静也没有什么意义。因此就有人提倡，读书干脆到菜市场去，那儿喧闹非凡，你只需看自己的书，尽一切可能两耳不闻窗外事。经常如

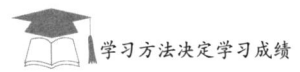
学习方法决定学习成绩

此,一旦养成习惯,即使外界有再大的干扰,学习者也能心静如水。他甚至还举出了毛主席当年就选择纷扰的环境读书学习,以培养自己抗干扰的能力来作有力的证明。

那么究竟什么样的学习环境才最适合学习呢?我认为绝对没有统一的标准,只要适合自己的环境,都是最佳的环境。有人喜欢在教室里学习,有人喜欢在河边读书,有人认为可以在公交车上背英语单词……只要学习效率高,这些都可以成为学习的最佳场所。

学习气氛与学习兴趣联系在一起

如果一定要征求我的意见,我个人十分提倡到图书馆去读书学习,那里浓厚的学习氛围会让你增添无穷的读书兴趣。

图书馆里的读书学习氛围的确是其他场所没有的,这是一种极其宝贵的学习资源,无论在家中或者学校都无法创造这样的学习磁场。大家都在埋头阅读,或翻阅书籍,或抄写资料,仿佛有一种无形的力量在规范自己的学习态度。四周铺满书籍,人如置身于书的海洋,畅快淋漓地吮吸知识的琼汁,成为一名学富五车的知识者的认同感会不断升华。图书馆的环境更能抑制学生自由散漫的习惯,不能小睡,不能吃零食,不能听音乐,不能随意跑进跑出,甚至连坐姿也不能随心所欲。在图书馆里,整个气氛都在无形地告诉自己,我正徜徉在知识的海洋中,与大家同行。

正如喝咖啡要到咖啡馆,喝茶要到茶馆,喝酒要到酒吧一样,读书、学习到图书馆是再合适不过的了。人们大都有一种从众心理,凡是大家都热衷于某件事情的时候,自己也很容易受到感染,会情不自禁

地参与其间,时间一长,养成习惯,还会身不由己地沉浸其中,变成一种嗜好。否则,咖啡可以在家自己冲,茶可以在家里自己泡,何必花不菲的价钱跑到咖啡吧或是茶室呢?

公共图书馆,我们能去吗?

我曾经有一位学生,家境十分困难,祖孙三代住在同一间屋子里,除了床铺以外,几乎没有可以放桌子的空间,更不要说专供学习的书桌。学生的外公还喜欢听京剧,一只破旧的半导体,每天放个不停,刺耳的音乐在十几平方米的屋子里搅得人心情烦躁。学生对我说:"我根本没办法学习,能有几分钟的安宁,就是天大的幸福时刻。"我说:"那你去劝劝外公,少开收音机,为了你能做功课,让他体谅你一些。"他十分无奈地说:"他连我爸爸妈妈都不买账,我敢去劝吗?他认为是我们占了他的房子,要我们照顾他才合理。"这样的老人是不多见,但见到了也实在无奈。我也只能说:"那也只有你辛苦一些,每天去图书馆做完作业后再回家。"他问我:"学校里的图书馆关得太早,公共图书馆能去吗?我印象中好像那儿都是成人或大学生去的,我去合适吗?"为了鼓励他学习,我肯定地说:"不会的,公共图书馆的'公共'也包括高中学生,只是去的高中生不多而已。你现在也没地方好去,试试吧!"我当时完全是怀着让他试一试的想法,没想到他坚持了整整一年。一年以后,他家搬进了二室一厅的房子,他也有了自己的一个小房间,可是他仍旧天天往图书馆跑,宁愿晚上十一点钟挤公交车回家,刮风下雨也不间歇。学生的做法让我百思不得其解,舍近求远为哪般?于是我问他:"图书馆的什么地方这么有吸引力?"他无限留恋地对我说:"是那儿

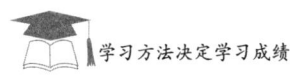

的读书气氛吸引了我。在那里我特别能看书,精力特别旺盛。以后上了大学,我还是要去,我要将图书馆作为我终身学习的地方。"一番话,说得头头是道,这与我关于学习环境的想法不谋而合。

再好的环境,也要学会利用

去图书馆学习也有方法,否则也会适得其反。

一是独自去。不要结伴而去,去了一帮同学,大家在一起很容易相互干扰。都是要好的同学,平时在一起总有说不完的话,到了图书馆,就容易互相说话。不说憋不住,一说起来,又肆无忌惮,还会招致旁边读者的厌烦,这样一来学习效果就没有了。

二是坚持去。偶尔去一次,很有新鲜感,但不容易静下心来学习,所以没有效果。坚持每天去,那儿就变成自己熟悉的地方,熟悉的地方自然易于安心学习。一到图书馆,学习的欲望就开始高涨,会全身心地专注于学习,时间一长,形成学习的条件反射,这是极好的学习状态。我的那位学生后来即使有了自己的房间,还要天天往图书馆跑,大概就是体验到了那种良好的学习感觉。

尽情玩乐有时并不影响学习
——娱乐与学习可以相互促进

压抑学生的爱好,会挫伤他们的学习热情

说起学生的玩乐,老师和家长都会举双手反对,何况玩乐还要"尽情",更是让人无法接受。老师和家长普遍认为,学生尽情玩乐,肯定影响学习。玩乐和学习似乎是一对不可调和的矛盾:学生玩乐得多,学习的时间就相对减少,在学业竞争如此激烈的当下,老师和家长定会严防死守,严格把关。不允许玩乐,学生又憋不住。

一生的学习生活很漫长,凡有娱乐玩耍的机会,其实尽可以放开过把瘾,不必过分担心会影响学习。

有位学生酷爱下象棋,这个极健康的娱乐活动父母一般不会反对。但到了初三,别人都在紧张复习迎考,可他对象棋的热情依旧未减,只要一下课,就到处寻找同学杀一盘,他的举动引起了同学家长的反感,纷纷到这位学生的父母那儿告状:"你家孩子该好好管管了,谁在这个时候还玩个不停?不仅自己不学,还要妨碍别人家的孩子学习。"父母也感到言之有理,虽说下象棋是一种有益的活动,但如果影响了中考,却是事关前途,于是对孩子下了道禁令:中考结束以前暂停

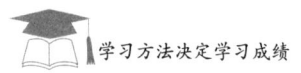

象棋活动。

时隔不久,这个学生的成绩急剧下降,在班级中也整天垂头丧气,老师看见了也万分着急,于是找孩子父母询问情况。父亲说:"家里没什么变化啊,一切都很正常,莫不是这小孩交了坏朋友?"母亲说:"要么见鬼了,哪有什么坏朋友。他从来是准时到校,准时回家。"老师说:"你们别着急,我再去了解一下情况。"

老师找到这位学生,语重心长地与他促膝谈心。学生深深叹了一口气,几乎要哭出来,他说:"我也不知怎么搞的,这几天就是没精神,好像什么都是空空的。"老师怀疑他有青春期综合症,关切地问:"你过去很开朗,现在是不是心里一直在想些什么?"这个"什么"的潜台词是"女同学""女孩子",为了弄清真相,老师真想直言不讳。学生一下子如遇"知音",连连说:"老师,我是想啊!"老师立刻紧张起来,赶紧问:"想什么?"学生不假思索地回答:"想下象棋!"

原来如此。这位学生因太久不下象棋而过度思念,患了思念忧郁症。于是老师当场与那学生摆开棋谱,大杀三个回合。学生马上"起死回生",回到家里又是神采奕奕。父母称赞老师教育有方。而那位老师从此获得了一个珍贵的教育经验:严重压抑学生的爱好,无异于扼杀学生的学习热情。

最糟糕的状态是学习时想娱乐,娱乐时担心学习

学生酷爱娱乐是符合天性的事情,不应该遭到家长和老师的过分责备。著名教育学家李大钊很早就教育我们"要玩就玩个痛快,要学就学个踏实"。可见娱乐并不是我们应该一概嗤之以鼻的,而学习时想娱乐,娱乐时担心学习的状态却是最不可取的,这样的学生永远在一种焦虑不安中过日子。休息娱乐是人的天性,也是一种自然的心理需求,没有什么不正常,所以凡有娱乐玩耍的机会,大多数学生都不会放过。可有些学生在娱乐之际,还念念不忘没有完成的作业、没有看完的书,这样还有什么心情玩乐呢?当他们回到课堂,又开始憧憬玩乐时的场景,浮想联翩,不能自持,老师讲课的内容全然没有听进去。这种娱乐学习都耽误的状态,最不利于一个人的健康发展。

学生娱乐就要尽兴,当然只应局限在休息时间,让他们全身心投入,把这段时间毫无保留地交给娱乐,让学生尽情享受娱乐所带来的乐趣,无形之中还可以培养他们对待一项事情的执着。我仔细观察过,大凡学习不认真的学生,娱乐时也不会特别认真,无论做哪件事,他们都是那么漫不经心。长此以往,形成了一种什么都无所谓的生活状态。为了激发他们对学习的热情,不妨从娱乐活动开始,利用娱乐的趣味性趁势培养执着精神,让学生学会全神贯注;利用竞技娱乐的竞争性,让学生学会争强好胜,然后因势利导,将这种状态转移到学习中来,一定会有意想不到的收获。

有人会担心,让学生尽情玩乐,他们会不会就此沉溺其中而不能自拔呢?我们身边已经有很多这样的先例,令很多家长谈"玩"色变。为了避免产生这样的恶果,父母自然要对孩子的娱乐行为进行严格的把关。有位家长曾给我传授经验,他每天回家先要摸一摸电视机,看看电视机有没有余热,电视机有没有动过,以此判断孩子是否看过电视。即使父母们用尽心机,一旦孩子们离开了父母的视线,仍旧玩得热火朝天,除非实施电子监控,否则收效甚微。然而就算父母有效地杜绝了孩子们的玩乐机会,结果又会怎样呢?由于无法娱乐,或是娱乐

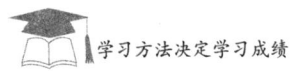

的时候不尽兴，很可能会对学习造成负面的影响。既然如此，家长不如鼓励孩子去尽兴玩乐，但要约法三章：在规定的时间、规定的内容中去尽情地娱乐。

娱乐不仅给了他们许多灵气，还提升了自控力

其实娱乐并不都是害人害己，与学习并不是都势不两立的，如果我们处理得当，两者完全可以相辅相成。尤其是健康的娱乐内容，十分有利于学生综合素质的培养，除了执着的精神外，还有思维能力、观察能力、合作能力等，都可以在娱乐中得到培养，教育界提出的"愉快教育"就是基于这样的指导思想，从而使娱乐与学习合二为一。教育不是单纯的课堂教育，它的内容包括了人在生活、娱乐、交际等活动中所需要的各种能力。那些整天战战兢兢埋头苦读的书呆子，可以预料即使成绩再优秀，今后也难有很好的发展。

事实正是如此，在我的学生中那些品学兼优者，大都既是学习的尖子，也是娱乐的高手。我观察过几次，学校保送进大学的尖子学生，几乎个个都身怀"绝技"，不是学校的田径健将，就是围棋高手，或是学校的歌星、舞星，有的甚至玩网络游戏也小有名气。他们娱乐时很投入，在娱乐上也花费过不少时间，却并没有耽误自己的学业。这些学生除了有较强的自控能力之外，更多的也许是娱乐给了他们不少灵气。

我一直很欣赏欧美国家的学生，他们学习时一本正经，娱乐时乐而忘忧，两者互不干扰，又相辅相成。

当然尽情玩乐也有禁忌，我总结为三"不可"。

一不可尽兴无度。为老师和家长所深恶痛绝的网络游戏就是尽兴

无度的一例。网络游戏其实也可以开发学生的智力、情商,其中许多游戏充满了生活的情趣,也有不少游戏磨炼了人的意志。可是,商家为了赚钱,把这虚幻世界打造得如此强大,很多外力都难以与之抗衡,使缺乏自控力的学生沉湎其中忘乎所以,学习的灾难随之降临。

二不可有害健康。玩乐是学习的调节手段,一定要轻松愉快。但有的娱乐项目只是一味刺激兴奋,会给人带来生理和心理的损伤。譬如带有赌博性质的娱乐,很有诱惑性,但在大喜大悲之中,就会把人变成魔鬼。而且不健康的娱乐,还会有碍积极品质的养成。

三不可影响学习。有的玩乐虽然很健康,但学生最主要的任务是学习,我们始终应把学习放在玩乐之前,千万不能本末倒置。如果这项玩乐不利于学习,就要果断中止,不能以我有兴趣为由,自行其事。就如前面提到的初三学生,如果十分理智,就应该在紧张的复习迎考中,尽量减轻对象棋的狂热兴趣。为了娱乐,而怠慢学习,为了尽兴,置学习于脑后,把有关学习的事宜安排到最后一刻,这些都是不可取的态度。

总之,能够科学地把握好玩乐与学习关系的学生,是最幸福的学生,而且可以受益终身。

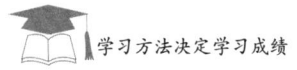学习方法决定学习成绩

一目十行的阅读可信吗？
——快速阅读法助你博览群书

两小时读20万字，这学生难道有特异功能？

如果告诉你一本十几万字的小说有人能在两个小时内读完，你一定会以为这是天方夜谭。即使具备了这种快速阅读的能力，估计也不会被老师和家长认可：如此粗略地进行阅读，能有什么效果呢？

记得有一年寒假，一位学生从我家里借去了厚厚的十多本小说。不料一个星期不到，他就把借去的小说通通还给我了，并且告诉我所有的小说都已读完，还想再借几本。这十几本小说，少说也有几百万字，仅在一个星期之内就全看完了？我有些怀疑，当时我家中还有一位学生，听我们在谈论这事，不友好地说："碎玻璃冒充金刚钻，你怎么有这么快的看书本事？大概想显示自己的语文水平，太虚荣！"言语虽然刻薄，但的确也说出了我心中的疑问。那位学生听了，很不舒服，耿直地说："这是一种快速阅读方法，你懂什么？"另一位不以为然地说："你真能这么快地看完小说？你当场试试啊，我们来打个赌！"那位学生的自尊心受到了挑战，不服气地说："我当场试给你看，你输了怎么办？"对方也不服气："我输了啊，罚背课文三篇。"于是我当裁判，当

场验证。我拿出一本我刚看完的新出版的小说,大概有近20万字,在确保他俩都没看过的前提下进行比试,只给他们两小时的阅读时间。

两小时后,我询问了一大堆与小说中的情节、人物相关的内容,那位学生侃侃而谈,基本准确。我大为惊喜,走过去拍拍他肩膀说:"你有特异功能啊?"学生高兴地回答我:"我虽是一目十行,但主要的内容都不会放过,这功夫也练了好几年呢!"我再回头看看旁边的学生,坐在一旁瞠目结舌,输得心服口服,已经开始背诵课文了。

惊人的阅读潜能大部分学生也具备

事后我了解到粗略阅读实际上是一种科学的"扫读法",是一种运用无声的思维语言对文章的内容进行快速读书的方法。只观大概,不求甚解。不少学者名人都普遍使用过,据说拿破仑每分钟能看2000个单词,巴尔扎克半小时可读完一本小说,其实,这种惊人的阅读潜能普通的学生也具备。

精读还是略读,是根据自己的需要来决定的。大凡课内学习的内容要精读,不精读难以提高自己的学业水平,只有细嚼慢咽才可深得其中之味。对于一些课外的读物,我们完全可以采用粗略阅读的方法,拓展自己的知识面,提高阅读的速度,能捕捉更多的信息,学到更多的知识。况且有了课内学习的底子,进入课外学习领域,一般而言难度不会太大,这时就要在速度上下功夫,多读多看,速度自然而然就会有提升。

我的学生经过那次"打赌"后,名声大噪。班级中不少学生也争相效仿,快速阅读法成了当时很令人向往的技巧。学生们经过一段时

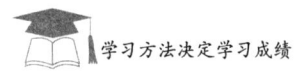

间的练习，阅读速度都有不同程度的提高，有意识地训练的确对提高阅读速度很有帮助。人的一生阅读时间其实非常有限，在同样的时间内，能够读更多的书，了解更多的内容，是一种怎样的幸运啊。快速阅读在头脑中留下的也许只是一个粗略的印象，但许许多多知识，我们确实并不需要十分精通，有粗略的印象也就够了。

教你几招快速阅读的方法

要掌握这种快速的阅读方法，需要进行长期训练。我们需要摆脱传统的逐字逐句的阅读方式，放大视角的范围，才能逐渐养成一目十行的阅读习惯。现在有不少学者专家从事快速阅读法的研究，总结出许多深奥的理论和神秘的方法，但并不容易掌握，这里就不赘述了。对于如何完成快速阅读，我也进行了一些有效尝试，积累了一些经验，并认为大家只需要掌握以下要点，即可初见成效。

首先，一定要有个安静的环境，阅读时不能受到外界的干扰。快速阅读需要思维极其专注，不能分心，高度集中自己的注意力，这样才能够加快阅读速度。

其次，要掌握先慢后快的原则。开头阅读不能太快，比平时阅读略快一些即可。因为刚开始阅读时，我们对全书内容还没有任何认识，什么信息也没有，没有内容作基础，就难以形成阅读背景，自然也快不起来。如果需要，可以看看书名、作者、写作背景、内容简介等，这样便于尽快进入阅读角色。

接下来，才是真正快速阅读的开始。阅读是跳跃式进行的，一眼下去，一行文字要尽收眼底，自上而下，一行一行看下去，对书本内容进行整体感知,在头脑中尽量使每行内容形成一个整体。练习熟练之后,阅读和思维会产生两种各自相对独立的活动,眼睛不停地跳跃阅读,头脑不断地将内容连接起来,相互配合,就能在最短的时间内了解书本的大致内容。有人认为快速阅读有时候还可以再粗略一些,比如只看每个段落的第一句话,一段一段地向下看,也能将内容连接起来,当然这样感知的内容也许更加粗略。

以上所介绍的这种快速阅读的方法,究竟有无实际效用,同学们试一下便能知晓。我认为,阅读书籍的效率也是个人学习能力的体现,你如果掌握了这个方法,也就意味着有了见多识广的利器,与其他同学相比,你就站在了学习的制高点。

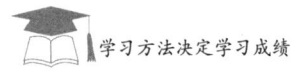

听老师上课真的没什么意思吗？
——不听课，你失去的是一条最佳学习途径

一个傲慢学生的故事

从小学到高中，当了十几年的学生，听了十几年的课，个个都可以对老师的上课水平作一番颇有见地的评价：有的老师上课，讲析清楚，风趣幽默，能让人注意力高度集中；有的老师上课照本宣读，味同嚼蜡，实在提不起精神。家长一旦知道孩子上课不认真，定会进行严厉批评。面对批评，孩子们反驳的理由也很充分，这个老师上课实在没有意思，浪费时间，不如自学成才！

这样的学生还不在少数，老师在课堂上讲课，他在课堂下看其他书籍，或者干脆做练习，课堂时间自己安排得井井有条，心安理得。

课堂上老师认真地上课，讲台下仔细听讲的学生寥寥无几，看书的看书，说话的说话，这样的情况时有发生。一次，为了提醒那些不认真听讲的学生，老师提问了一位正在全神贯注做其他事情的学生。那学生实在太专注自己的事情，全然忘记了这是在课堂上。听到老师直呼其名，仍然坐着纹丝不动。无奈之下，老师提高嗓门，又叫了一遍。他竟非常不耐烦地抗议起来，挥挥手说："叫什么，叫什么，我听见了。

学习方法决定学习成绩

你烦不烦,声音能小一点吗?这道题目我刚想出点头绪,全给你干扰了!"老师被他训斥得目瞪口呆,半晌也缓不过劲来。课堂上一阵哄笑,老师感觉到教师的威严受到了挑战,义正辞严地说:"你太过分了,上课不听,只顾开小差,还像个什么学生!"这一句"只顾开小差"使他万般不服,此时站起来,大声争辩:"我怎么是开小差,思想集中着呢!你的课我不想听,自己看看书全懂了。我自己看书的效率比你上课不知要高多少,我是自学成才。"学生如此傲慢,教师自然气愤。事后自然少不了教育批评,但那位学生似乎并没有从此改弦更张,他仍然坚信,自学成才也是一条正确的学习途径。

如何教得有效,如何讲得生动,如何能吸引学生,这是教师的基本功,也是老师的奋斗目标。我一直认为教师照本宣科是讲课的大忌,书上都讲得清清楚楚的,只是单单照着读一遍,这样的老师很失职!教师讲课要讲书本上学生看不懂的,书本上没有提及的知识,有了这两个基本原则,讲课的作用就体现出来了。

经常有家长问我孩子补课有意思吗?我一直坦言相告:你孩子上课听讲认真吗?上课认真听讲了,那么尚有不懂之处,请老师课余补补,肯定有意思。如果上课都不认真听讲,课余再怎么补都没有什么效果。老师课堂上讲,尚且不听,老师课堂下补课,又怎么会听得进去呢?都不听老师讲课,补与不补都一样。而且有了补课这一条后路,学生会更不愿意上课听讲,反正课后有老师专门为我开"小灶",上课听不听都无所谓。就如整天吃零食,而放弃一日三餐的主食,本末倒置了,肯定营养不良。

那么上课不听,我自己阅读课本,行不行?就如那位上课不愿意听讲的学生,十分自信地认为自己看书的效率比上课不知要高多少倍,真是如此吗?自学成才,当然也不是不可以。历史上许多名人都自

95

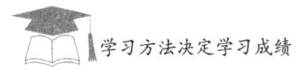学习方法决定学习成绩

学成才,但自学成才大都是没有读书条件,是不得已而为之。今天,我们有了现代化的教育手段,能够接受教育而拒绝,就如放弃现代文明,偏要刀耕火种一样,有这个必要吗?

一切为了学习效率

老师上课,学生听课,是多少年来实践而形成的一种学习模式,是非常符合认知规律的一种学习方式。上课前教师会认真备课,并充分利用课堂四十五分钟,将最重要的知识传授给学生,比自学成才者在知识的旷野中自己摸索要科学得多。老师上课会让学生用最短的时间学会更多的内容,领着学生一步一步进入知识的殿堂,比自学成才者自己闯荡要经济得多。老师的知识比较丰富,可以解答学生心中的疑惑,比自学成才者自己苦思冥想要快捷得多。学生可以站在教师这个巨人肩膀上远眺世界,有如此大好的机会为什么不好好利用呢?上课不认真听讲,实在是很愚笨的行为。

从学习效率的角度而言,上课听讲也比独自阅读要先进得多。我们日常生活中,利用听觉来获取信息,比阅读要多得多,因为其便捷快速,所以成为人们获取信息的主渠道。有人做过统计,一个学生在学习过程中所获得的知识,听占40%,读占16%,其余的为说和写。我们舍40%的听讲不要,偏偏选取占16%的阅读,这样学习的效率会大大降低。此外,老师上课如果生动有趣,加上肢体语言的交流,现代教学设备的运用,学生在学习中会学得更快,记得更牢。而且课堂上的口耳相传比独自的文字阅读更富直观性,学生的感受会更加强烈,就如说书艺术,绘声绘色的讲述更形象、更感人。有些优秀教师的一堂课,会给学生留下极其深刻的印象,有的甚至能影响学生的一生。

懂得了上课认真听讲的重要性，就应该付诸行动。上课听讲的关键也在于方法，譬如集中思想、认真笔记、积极思考等。这里我可再提供三种方法，供学生朋友参考。

其一，带着任务听课。这很容易引起自己的注意和兴趣。我们应坚持课前预习，这种预习一般只浏览课本内容，不必花过多的精力去看懂它，遇有不解之处，可以用小记号标示一下，等上课去解决。到了正式上课，大家都已经积累了不少听讲任务，求知欲很强。老师讲的内容如在预习中已经弄懂，完全可以一听而过；对于那些事先产生疑问的知识，则要小心谨慎，仔细聆听。为了完成课前的"任务"，让自己不敢忽视听课。

其二，带着疑问听课。这便于养成自己独立思考的能力。老师在课堂上讲课，学生完全可以持怀疑态度。譬如老师说，这个英语单词只能用在这儿。你就可以提出这样的疑问，这个单词为什么不可用在其他地方？老师说，这道数学题只有这样解才是正确的。你也可以思考，为什么不可以那样解呢？诸如此类疑问不断，可以促使学生保持专注的听课状态，同时也能养成学生积极思考的习惯。

其三，带着尝试听课。老师讲课时，一定会讲许多新的知识，尤其是物理、化学、生物的实验课，往往先在教室里讲原理。凡听懂一项内容，你就要努力主动去尝试完成，鼓励自己去亲自实验，要有一种跃跃欲试的冲动。课堂上当然不能当场实验，但可以在心中实验，默念实验的各个步骤，强化"让我去做"的意识。我有位学生，上语文课听讲文言文，他就一边听课，一边尝试翻译、背诵。一堂课结束，不但翻译非常流畅，背诵也差不多可以完成。这种既能提高课堂效率，又能减轻课后负担的做法，大家何乐而不为呢！

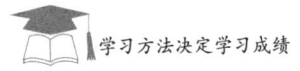
学习方法决定学习成绩

上课喜欢开小差怎么办?
——与你一起消除开小差的痛苦

对他们来说,最美妙的声音就是下课铃声

老师所说学生上课老是思想开小差,往往是指学生在上课时思想不集中,不认真听老师讲课,不关心课堂教学内容,在想他自己喜欢的事情。

这个学生此时很愉快吧?千万别这样以为,因为其实他很痛苦。

很多学生思想不集中,一个重要原因是他们听不懂老师在课堂上讲的内容。可是听不懂还是要听,起码要装作听,与其他学生一样,会意地点头,理解地微笑。这种如听天书的感觉怎么能不痛苦?就好比明明只有初中数学水平的人,到大学里去听高等数学。此时听得云里雾里,能坚持10分钟已经非常有毅力了,再坐下去,怨恨之意会油然而起,芒刺在背,如坐针毡。而且,一堂课的45分钟,或许还能坚持,可倘若天天如此,再有耐心也会不胜其烦。百无聊赖,思想开起了小差也是无奈之举,于是只能在胡思乱想中消磨这痛苦的时光。他们没有擅自离开课堂的权力,也没有闭目养神的胆量,更不可能向老师提抗议,所以只能规规矩矩端坐着,还得时刻提防老师突如其来的提问。

记得有一段时间我给初一的学生上课，有一位学生成绩一直很差，上课从不认真听讲，有一次竟然在我的课堂上一本正经地举起手来。我喜出望外，以为这位学生听懂了我的讲课内容，还积极举手提问，大有进步，我示意他发言。他一脸急促地说："报告老师，我可以去小便吗？"同时用手捂住肚皮，表示已紧急异常，课堂上一片哄笑。我顿感斯文扫地，而他却毫不在意。"快去"，我失望地说。他似乎拿到了大赦令一般，急急忙忙挤出座位，匆匆冲出教室。可后来有学生告诉我，那天他走出教室后并没上厕所，而是在校园里跑了两圈，有人问他干什么，他说："闷死了，闷死了，我出来散散步！"

这个事例或许极端，的确学生很少能有冲出教室的勇气，大部分学生即使听不懂也只好在教室里干坐着。为了度过漫长的时光，神游或许是最好的办法了。

盯住一张什么也看不懂的卷子是什么滋味？

开了小差，上课的效果等于零，什么都没有学到，怎么去面对考试呢。盯着一张什么也看不懂的卷子，目不能斜视，口不得乱动，身旁还有监考老师的严厉监控，此时就连小差也完全没了机会。在考场上坐立不安，只盼结束的铃声早点响起，好赶快结束这漫长的煎熬。至于成绩不及格，老师的批评、父母的斥责、同学的讥讽，那是下一个章节的事。

上课听不懂，于是开起小差来，越是思想不集中，就越是听不懂，如此恶性循环，导致的最大恶果自然是厌学。

我碰到这样一个高中生，什么都有兴趣，就是对读书没有兴趣。

有一次班主任实在无奈，对他说："你实在不想读书，就去干活吧！总不能文不会测字，武不会卖拳，成为一个废人吧。"他如遇知音，对老师说："我早不想读书了，那你让我干活好了。"班主任开玩笑说："那这样吧，明天你把全校饮水机上的水桶全装好，你就可以回家休息一天。"是天真还是无奈我不知道，一句玩笑学生竟信以为真，第二天他真的把全校饮水机上的水桶全部装好。十几桶水，楼上楼下搬来搬去，再苦再累也不在意。水全装好了，他果然拎起书包回家了。真是宁装十桶水，不读一天书。

所以，上课听不懂，考试考不出，造成思想开小差，学生并不乐意，他们有时很无奈。如果长此以往导致厌学，那个后果就比较严重。

开小差的毛病是可以"医治"的

开小差是厌学的前奏，应引起学生的高度重视。我们懂得了开小差的起因，那么就应该有的放矢地去自觉医治。

首先是应该让自己能听懂老师上课的内容，也就是我们平时说的学习要跟得上。学科知识是有系统性的，环环相扣。你如果某一项学习内容没弄懂，或者落下几节课，整个知识链就会脱节，再跟上去就会有困难。这就好比看电视连续剧，中间漏看了几集，后面的情节就不大好理解。有位很著名的教育家曾有一个很通俗的比喻，他说学习就像通水沟，着力打通阻塞的淤泥，才能一通百通。所以，要先梳理一下自己的学习情况，有哪些地方还不懂，这也许就是阻塞的淤泥，花大力气去打通，千方百计去弥补这个缺漏，千万不可得过且过。尤其是如果病假事假了几天，脱了一些课，不要认为自己可以自然衔接上去。你一定要及时去补习,让知识点连贯起来,这样才不影响以后的听课。如果你在知识体系中学习得很顺畅,听课如沐春风,那么思想也就不再开小差了。

其次,要养成听课时正襟危坐的好习惯。过去教师对学生上课的坐姿有很严格的要求,上课时双手放在背后。现在有不同的说法,认为太拘谨也会影响听课效果,学生上课坐姿就没过去严格。但上课时,人坐端正了,这个要求绝对有利于听课。一个学生,人坐在椅子上,如果东倒西歪,如果头伏在课桌上有气无力,肯定会影响听课效果。我当教师在讲台上往下看,十分清楚,那些坐得懒懒散散的学生,大多思想是不集中的。如果坐得很端正,至少给自己一个提醒:现在是上课!而且,人坐端正了,精神状态也完全不一样,完全可以进入学习听课的最佳状态,产生适度的紧张感。

此外,创造机会让别人提醒自己。如果同桌愿意给你帮助,那是最好不过了。在你开小差之际,拍拍你的手,暗示一下,把思绪拖回到课堂,这是一个很有效的方法。还有老师有时走到你的身旁,在你的课桌上轻轻敲几下,也是一种提醒。老师有时看你还在胡思乱想,突然抽你起来回答问题了,更是一种猛烈的提醒。这个时候,你千万不要怨恨,也许你很没面子,但多几次没面子,也许你有了难堪之痛,很快就纠正了上课思想开小差的坏习惯。

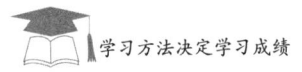

自言自语有助于思想集中
——让你的学习更专心

这位学生的手上为什么贴满了伤筋膏？

有的学生上课思想开小差，而有的学生上课时思想无法集中，也是许多学生苦恼的事情，家长也常常很无奈，有时还会怀疑，思想不集中是不是得了什么病。

学习时注意力能否集中是一种心理现象，要求人的五官能排除学习以外的干扰，把全部精力指向某一个目标。对有的学生来说，这并不困难，一进课堂或者一打开书本，就能较快进入学习的状态。而对有些学生而言，则是一道难以逾越的障碍。经常想入非非，魂不守舍，怎么强迫自己也没什么用，似乎心定不下来，心思集中不了。有一次我看见一位学生，手上贴满了伤筋膏，东一块，西一条，我以为他弄伤了手脚，就关切地问他是否需要什么帮助。不料他慌忙将手藏进口袋，表情十分古怪。我再三追问，他才吐露真相。原来这位学生学习时思想不集中，成绩也不怎么好，他又很好强，常常想控制自己，却一直不见效果。他百般无奈之下，在父母陪同下，偷偷去一家私人诊所求医。那位庸医给他出了个主意，说用伤筋膏贴穴位，会有神功。他相信了，回家之后，按照"医嘱"，用伤筋膏贴满了手上的穴位。他又不愿让别人知道，所以将手东躲西藏，行为、神情就变得十分异常。我问他："那样有效吗？"他一脸痛苦："我也不知道。但为了那双手不让同学看见，弄得我反而心神不定。"

用伤筋膏贴穴位到底有没有效果，我对此很不乐观。但读书学习时，口中念念有词，有助于注意力集中，这种说法是有科学依据的。在此可以给大家介绍。

小和尚念经给我们的启示

幼儿园的小朋友，游戏玩得十分入迷时，会一个人自言自语，他是用自我对话的方式来刺激大脑的功能，让自己思想更集中。瑞士的心理学家皮亚杰，经过研究后把"自言自语"称之为"自我中心语言"。让人通过"自我中心语言"将思想高度集中在自我思维中，注意力不就集中了？只要一开口说话，就很容易将口、眼、手、脑集中于一处，脸上五官联合行动，很难再有开小差的空间。如果自言自语还不够有效，干脆就大声朗读，不要怕别人笑话，旁若无人，自说自话，一遍不行再读第二遍、第三遍，这样不但注意力集中了，记忆能力也大大加强了。古代私塾里，老夫子们让学生朗读书本，书读百遍，其义自见，可见这种学习方法是有历史渊源的。小和尚念经只要口到心到，未尝不是一种很好的学习方法。

中学时代留下的最清晰记忆竟然是这样的

有一所上海的名牌中学，毕业学生中有十多位校友都成了国家学部委员，他们经常回忆起中学时代的学习对他们今后事业发展的影响，尤其是当年给他们上几何课的数学老师。这位老先生是嘉善人，带有浓重的乡音，那时虽然也开始推广普通话，他也尽力学着讲，可是总讲不好，变成了嘉善官话。每次上课，课代表叫了起立之后，老先生并不示意大家坐下，而是让学生与自己一起背几何公式。他带头背，学生跟着背，有时简直像唱山歌，有节拍、有起伏，抑扬顿挫。由于老先生格外认真，要求也非常严格，学生从不敢有丝毫怠慢。那些校友回忆起这段往事，无不感慨万千。那些永远也无法忘怀的嘉善官话成了他们中学时代最清晰的记忆，那些几何公式陪伴他们在历次考试中过关斩将，一直受用至今。而上课前的大声背诵，高度集中了全体学生的注意力，提高了整堂数学课的听课效率。

"自言自语"的简易训练法

既然自言自语这种集中注意力的方法十分简便易行，那么我们就应该运用在平时的学习中，怎样训练才有效呢？

如果用一句话来概括，就是心里怎么想，嘴里就怎么读。小声地读，读出来不是给别人听，也不是给自己听，读的目的是使自己思想集中。譬如看书时，嘴巴就跟随着眼睛，一边看，一边小声地读，眼睛看到哪里，嘴巴就读到哪里，能否听见声音都无所谓，但要努力让嘴巴始终保持"阅读"的状态，读到一定程度，人就进入了学习的状态，思想就会集中于书本。而做数学题时，就可以把整个演算过程读出来，嘴巴跟着思维走，想到哪里，说到哪里，小声地说，让思维全部沉浸在演算上。我们平时背诵课文，往往也是采用读一段、记一段的方法，不读就没办法记忆,不读思想就无法集中,读出来肯定比默念效果要好,这也是语言表达刺激大脑的结果。记忆与思想的集中程度密切相关,思想集中了,记忆也才有效果。这些都证明了自言自语有助于集中思想,有助于提高记忆。

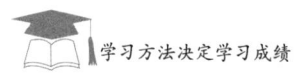

咀嚼可以提高学生的注意力
——教师可放松上课时对"小动作"的管制

学生手中的笔为什么转个不停?

学生在听课或做作业时会有一些习惯性的小动作,常招致老师和家长们的反感。"不要做小动作!"成为老师和家长教育学生的口头禅,"小动作"由此成为批评学生在学习时做无关动作的专用名词。

有位老教师,平时教学非常严厉,从不允许学生在课堂内窃窃私语,更不允许有人做小动作。他接了个新班级,一上来就明确学生听课的种种规则,学生自然也不敢违背。两周下来,课堂井然有序。到了阶段测验的时候,他端坐在讲台上监考。一眼望去,学生认真答题,他满心欢喜。但仔细再看,课堂里有不少学生拿着笔不停地旋转,仿佛是杂技演员用一个手指顶着方巾旋转,十分娴熟。一个、两个、三个、一大片的学生都在旋转,这下他忍不住了,大声呵斥:"你们在干什么呀,测验时还如此不专心!"一声怒吼打破了教室的宁静,全体学生惊讶地看着怒不可遏的老师。"全部把笔放下!"老师一声令下,学生们个个搁下手中的笔,他们以为谁在作弊。老师走到一位学生边上,教育他:"你在测验时,把钢笔在手指间不断地旋转是什么意思?还懂不懂考

试的规矩?"学生如梦初醒,不解地回答:"我没转笔啊!"老师更加气愤:"你还不承认啊!"说着拿起笔也想示范一个旋转动作,啪嗒,笔掉在了课桌上,学生一阵哄笑。"这个啊,我会!"学生说着拿起笔,呼呼呼地旋转起来。"还说没有,狡辩!"老师严厉批评。学生只得站起来说:"老师,我真的没意识到刚才做测验时我在转钢笔,我一点感觉也没有啊。"如此理由,自然使老师认为他在狡辩,但测验中不便争论,老师只得又下命令:"你继续做试卷,但笔不许旋转!"学生只好老老实实地继续答题。只有几分钟,这位学生突然举手报告,一本正经地说:"老师,钢笔不转,我的习题都做不出啦!能再让我转几下吗?"最终,学生因没有旋转钢笔的机会,测验成绩很不理想,如此考试,真是让人哭笑不得。

原来,习惯性的小动作,不会使人分心

事后,老先生跟我私下说,那个学生也许说得没错,他旋转钢笔已经习惯成自然了,不转笔便无法集中精力做习题,就好似我手中不拿支香烟,怎么也无法思考问题。

学生事后也对我说,我在做习题时旋转钢笔根本不会分心,不旋转倒是好像缺少了什么东西。好多同学都养成了一边旋转笔杆一边思考的习惯。

只要老师注意观察,就会发现实际上学生思考时会有很多习惯性的动作。有的喜欢撩头发;有的喜欢吃零食;有的则不停地搔脸庞……小动作的种类很多,他们并没分心,与诸如在课堂上吃瓜子、玩扑克的"小动作"则不是同一范畴的。我一直认为,上课也好,考试也好,一些

不妨碍他人的小动作,是可以允许学生做的,不能一概冠以"小动作"的恶名而予以禁止。倘若真的纹丝不动地坐上45分钟,感觉不适反而会影响学习。可惜我们现在从幼儿园开始,"小脚并并拢,小手放放好"的传统习惯一直延续至今,上课就意味着让学生中规中矩,这样不仅制约了学生积极的思维能力,也阻碍了学生的个性发展。尤其对于高中生来说,给他们一些做"小动作"的自由,会使他们的学习更为主动。

我去欧洲考察教育,那儿的学生可以在教室里随意进出,可以勾肩搭背地交谈,可以随时到教室后面的书架上翻阅各种书籍,教室简直就是一个自由活动的场所,这是他们的教育理念。这种自由度在我们的课堂里是根本无法想象的,教师的上课情绪会因此受到严重的破坏,学生接受知识自然会受到影响。因此我们应该把握好自由的限度。我一直认为,让学生进入最佳状态最重要,正襟危坐也可以,不影响他人的"小动作"也可以,就是不能懒懒散散横七竖八。

最近,看到新华社的一则报道,更肯定了我对"小动作"宽容。标题是"咀嚼可提高孩子的注意力"。报道说在"中国青少年注意力状况"研讨会上,专家首次建议,咀嚼可以作为孩子在学习、备考或运动会时提高注意力和警觉性的有益尝试。"咀嚼"就是口中不停地嚼,肯定是属于小动作的范畴,在课堂上随意吃零食、嚼口香糖均是"咀嚼"的具体表现。但你如果斗胆在课堂上咀嚼一下,不把那些老师们气得吹胡子瞪眼才怪呢。不过那则报道是有科学依据的,认为咀嚼这一反复性运动,可以增加脑部血液流量,提高注意力,有助于智力开发。

科学在发展,人类的观念在进步,我们对于小动作的认识也应该有所改变,有些习惯性的"小动作"非但不会影响我们的学习,反而会助我们一臂之力。

把笔记直接做在课本上是偷懒吗?
——更方便你的复习和记忆

我错在哪里?

当学生的在听课时要学会做笔记,这是学习的重要基本功之一。

有一次教育督导室来我们学校进行常规教学检查,听汇报、听课、开座谈会、发问卷、视察教学等各个环节,都检查得十分认真而具体。检查结束后,我收到了督导们给我的反馈意见,其中有一条就是你们的学生不善于做课堂笔记。这让我大为惊讶,学生不会记笔记,这是老师失职。他们的依据很充分:一个班级的学生42名,有40名学生是没有笔记本的。上课时在课本上涂涂画画,根本没有记笔记的习惯。他们建议,要教会学生记笔记,而且还要检查,保证每人都有笔记本。

还有一次,一位历史老师上完一节课后,气急败坏地来找我:"我们班的学生上课都不在笔记本上做笔记,学生们说是因为语文老师让他们这么做的。"我心中一怔,这个班级的语文课是我上的,那位老师显然是在指责我。可我说的只是针对语文教学,于是赶紧分辩:"我只是说上语文课时学生不需要准备笔记本,但我没有说不需要记笔记,我说可以把笔记记在课本上。"历史老师更有意见了,连珠炮似地发

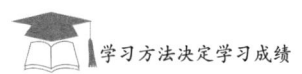

问:"那么我讲的内容那么多,学生怎么记录啊?没有笔记本怎么做笔记呢?"我解释说:"我是认为笔记记在课本上比记在笔记本上更有效,许多学生本身都是这样做的,这个方法真的并没什么不好。当然记在笔记本上也可以,这不必硬性规定。"历史老师更认为我这话太"离经叛道",他说:"当教师的要教会学生怎么规范记笔记,要记得整整齐齐,便于以后考试时复习。你却允许学生在课本上随意涂画,这不是纵容学生偷懒吗?"我一时竟无法争辩,但是我这样做的目的肯定不是让学生偷懒。

只要有效,就是最好的

大家都认为笔记只有做在笔记本上才是规范的,但规范的东西并不一定都是有效的。其实从有效性来讲,将笔记做在课本上也许更便于学生进行复习,方便记忆。

把笔记做在课本上最大的优点是便于复习。记笔记的重要目的是为以后复习迎考做准备,便于我们整理,便于我们记忆。你把老师讲的要点,结合课本上的内容记录下来,一边听,一边记,一学期下来,所有的精华都留在了课本上,只要打开课本,一目了然,不管你翻到哪一页,哪一章,都有你当时记录的痕迹,复习起来十分方便。现在有的学生非常粗心大意,虽然准备了一本笔记本,但常常会忘记在什么地方,到了上课的时候,东找西找,影响了上课的情绪。有时找不到了,只能用纸替代一下。一学期下来,笔记本里的内容反而残缺不全,断断续续,起不到记笔记的真正作用。还有的学生到了学期末,干脆找不到笔记本了,结果去借别人的笔记看,不是自己的东西,记笔记的效果自然

也显现不出来。即使有一本笔记本，拿着笔记本还要对照课本来复习，哪一页、哪一章都要一一对应起来，非常麻烦。所以，相比之下，笔记做在书上，翻到哪里，就可以复习哪里，课文和笔记完全同步，反而很方便。

把笔记做在课本上还有利于提高记忆效果。这些笔记与课文在一起，你会因为经常翻阅书本而得到更多阅读笔记的机会，这远比看记在笔记本上的笔记的机会要多得多。众所周知，一个知识点被经常看到，反复次数越多，越有利于记忆。

在课本上做笔记还有一个好处就是节约时间。一边要看课本，一边要听课，一边要记笔记，三项活动合并为二项，节约了宝贵的课堂时间。这话是学生对我说的，他们说："课桌上有笔记本、有课本，在上课紧张时，会无法兼顾，从而影响听课。现在我们只要专注一本课本，听听、看看、画画、写写，思想自然更容易集中。"笔记做在课本上还不必像在笔记本上那样事后还需要整理，全在书上，你可以按部就班地看下去，一切尽收眼底，这样又可以节省很多课后的时间。

当然在课本上做笔记并非随意涂鸦，也应该尽量规范。譬如可以用不同颜色的笔来勾画不同的内容，也可以用不同的符号来表达不同的意思：有时用一条直线，表示内容比较重要；有时用一条波浪线，表示内容比直线更重要；也可以画一条圈线，表示对这段内容特别欣赏。同时利用课本上空白处，记录听课内容，对照课文一一排列，将上课的重点、要点依次记录下来。据说这种勾画书本的方法古已有之，是中国人的专利。宋代大学者朱熹读书，就常用青、黄、黑等各种色彩笔来勾画，而且非常得意，说唯有这样，才能在书中"渐渐向里寻到那精英处"。

如遇到课本的空白处有限，不够记录的情况，还可以先记录在事先准备好的小纸片上，下课之后再贴到相关内容旁边，这样就解决了历史老师说的内容很多根本记不了的问题。一般而言，这样的需求不会很多，上课时不会经常有大段要记录的内容。我见到过一位学生的课本比别人的厚，就是其中夹贴着许多纸条，但他还是认为这样很方便，比翻阅笔记本更实用。

其实这种在课本上做笔记的方法，学生早已普遍使用。存在的往往都具有其合理性。既然学生都在用，我们就应该仔细反省一下，进行一次优劣的权衡，如果只是一味指责，未免太过武断。

会学习，也要会考试
——你必须掌握的两种应试技能

考试，至今仍是选拔人才的一种方法

一听到考试，绝大多数学生都叫苦连天。又是考试，苦海无边，学生快成了考试机器。而且似乎现在的考试越来越密集，天天练、周周考、统考、会考、中考、高考，让人难以应付。大家都希望哪一天，一声令下，取消考试，那该是多么幸福的时刻。

但考试依然一统天下，就是学校毕业后，踏入社会，入职考试、职称考试、岗位考试、技能考试，考、考、考，什么都要考，你没有应考能力，几乎寸步难行。

我有位同事，英语专业硕士毕业。因为当上了领导，要参加干部轮训考试，通不过者不得续任。在诸多的科目中，有一门市民通用英语。这位朋友想凭借英语硕士的头衔免去这门考试，通过层层请示，结果被告之："不行，你既然是英语专家，考考市民通用英语，没什么问题吧？"朋友顿时哑然。

几百年来，考试一直大行其道，自有其存在的理由。我以为考试的正面意义大约有两条：一是考试面前人人平等，显示出公正性，给入学

选拔提供一个公平的依据；二是考试产生压力，压力产生动力。大凡有考试，人们就不敢随便敷衍、掉以轻心。考试实际上也是一种能力，叫应试能力。记忆能力、表达能力、分析能力、综合能力都可以在考卷上得以反映。可惜的是，这种应试能力有时不一定能反映学生的学习真实状况，也就是说，你书读得好，不一定考试成绩好。有人总结出四类人群：会学习会考试；会学习不会考试；不会学习会考试；不会学习不会考试。可见，学习能力和应试能力并不完全等同，两者之间，存在着差异。有时候，我会发现，有的学生思维灵敏，学习能力绝对上乘，但一上考场，往往败下阵来，究其原因却并非粗心或怯场所致。其实这类学生大多缺乏应试能力，有学习的水平，无答题的能力，属于"会学习不会考试"一类。学了许多知识，不知如何在考卷上发挥。所以，要做一名成功的学生，不仅要会学习，也要会考试，否则，很吃亏。

掌握两种应试的基本技能

要会考试，除了厚实的学习功底之外，还必须掌握两种应试的基本技能：一是揣摩命题意图；二是熟悉题型。

每道题目都有命题的意图，为什么要出这道题？想考考生什么？出题老师心中都十分明确。虽然老师的答案深藏不露，学生只要仔细分析题目，是有可能看破出题者意图的，即看出究竟要你回答什么。很多信息其实题目中有暗示，就看你能否"觉""悟"出来，这在考试中称作审题。顺着命题意图，顺藤摸瓜，要善于捕捉题目中的蛛丝马迹，千万不能天马行空般胡思乱想。譬如2006年高考语文试卷上有一道分析题，让你读完一段有关城市色彩的评述文章之后，回答："作者提到

欧洲城市的商业区时用了'安静'一词。请推断'安静'的原因。"此时你就要在这些给你的条件中寻找暗喻的有用信息。先在文章中找到相应的内容:"国内很多城市的商业区经常存在广告过多、过于杂乱的通病,相对而言,欧洲城市的商业区则要'安静'得多。"再联系题目中"推断"的要求,很容易明白,出题者要求考生回答,欧洲的城市用什么方法使自己"安静",而不像国内的城市"广告过多、过于杂乱"。而且"推断"又暗示考生可以自圆其说,在文章中没有现成的答案。如果回答"政府部门的严格管理""当地城市具有城市色彩意识"之类,就与标准答案大致相当了。

揣摩水平逐渐提高后,还可以从题目中发现它属于知识系统中哪一个部分。每道题目都有考纲范围内的归属,在这个范围内答题,就很容易抓住答题的核心。譬如英语类试卷,一道题目可能是考时态,也可能是考习惯用语。语文类试卷中,这道题有时候涉及词语分析方面的知识,也有时候涉及句子分析方面的知识。然而,不管题目如何千变万化,你只要在它出题范围内思考,就很容易找到登堂入室的捷径。就如上面我们所提到的高考考题,实际上是属于拓展性的试题:既要仔细分析词语,又要认真梳理文章,同时还要进行合理的推断。

有时有的学生审题还审出了题外之意。我曾听到两位学生走出考场的对话。一位说:"这填空题空格怎么这么小,害得我都写不完。"另一位自信地说:"你写了那么多内容,肯定错了。如果要你回答这么多,空格怎么会如此小呢?"一位恍然大悟:"我上当了,写了半天全都是无用功啊!"另一位老到地说:"当然喽,给你这些空格,就是写这些,我也差点上当。后来我越想越不对,这空格的大小肯定是有道理的。"考试之精,应试之强,让人佩服。

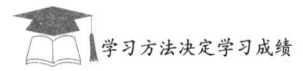

对于应试技能而言,更重要的还是要熟悉题型。现在许多学校或考试中心都说要建立题库,目的是想规范题型。只要留意历年的考卷,便会发现每年考试题型都有一定的连续性。考试改革了那么多年,考试内容年年翻新,但考试题型是相对稳定的。命题原则是题型不多变的主要原因。目前的考试题型一般分为三种:第一类再生式。包括填空题、问答题、名词解释、计算题、证明题等,其需要有较强的记忆能力。在考试中只要捕捉到一些根据,围绕中心生发出去,基本分是一定会收入囊中的。第二类再认式。选择题、改错题、判断题、组合题、配列题等都属这一类,这要求发挥你通透的判断能力,在仔细的辨认中豁然开朗。第三类是混合式。主要由以上两类题型综合而成,思考和应变能力更强一些,再创造的要求更多,因而需要充分进行由此及彼的知识迁移。

应试能力蕴含了丰富的解题技巧,谁能驾驭这些技能,谁就能较快提高自己的学习成绩。

考试复习争的是时间
——"看题目"是高效省时的复习方法

换一种方法复习：只看不做

复习方法多种多样，只看不做也是其中一种。

只看不做，严格意义上可以称作"阅读习题"。人的精力真的很有限，尤其到了毕业班，老师们的题海战术，让学生们根本没有喘息的机会。面对大量的习题，我们要学会取舍，哪些题目要重点做，哪些只需要阅读题目，哪些可以姑且忽略。我们心中都应该有个明确的区分。

有位老教授曾和我说起过这种方法。在复习迎考之时，倘若时间实在来不及，我们可以阅读题目。那位老教授是从农村来的，他的家乡是一个贫困的山村，读书的条件不能与城市相比，就连买纸和笔的钱也难以凑齐。要写作文时，为了节约纸和笔，老师常常让学生打腹稿。看看题目，不用书写，只是在心中做作文。天长日久以后，学生都学会了打腹稿，打腹稿的效果自然不如在纸上作文，不过又快又省力，而且还能有时间看很多作文试题。到了考试的时候，很多题目都曾经有过一面之缘，所以写起文章来得心应手。于是他们就把这个打腹稿的学习方法用在其他学科的学习上，果然收效显著。由于接触了更多的试

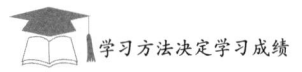

题,而且每道试题都有过认真的思考,因此应试能力特别强,反应也特别快。

当然现在已完全不需为节约纸张和笔墨去"阅读题目",但从高效省时的意义上来说,在复习迎考的紧张时刻,"阅读题目"不失为一种很有用的救急方法。

只看不做的效果在于多想

进入考试复习阶段,每分每秒都值得珍惜,只看不做,阅读各种习题,就可以节约许多时间。那么怎么阅读题目呢?首先要学会看懂题义,出题者千方百计变化题义,你要善于看懂教师出题的用意,寻找出最佳的解题方法。考试的题目常常比一般的练习多几个弯,所以在认真阅读题目的过程中,要学会瞻前顾后,全面思考。

阅读题目还可以多道试题比较着看,这样比直接做题更有效果。因为看题目比较灵活,可以找出很多同类的题目,对照着看,在比较中分析,在仔细推敲中领悟解题的窍门。一边看题目,一边就要打腹稿,用心来解题。不必动笔,要像平时练习一样,草稿打在你心中。譬如我们面临一大堆作文试题时,完全可以将审题、立意、选材、结尾在心里叙述一遍。这样你能看完很多试题,积累很多经验,一到考场,也许很多试题都似曾相识,就大大节约了在考场上思考的时间。这种方法我告诉过不少学生,他们都屡试不爽。

但是千万别误会,"阅读题目"的方法是在复习迎考时间紧迫的情况下的权宜之计,不要成为懒于动笔的借口。如果真正用心去"阅读题目",一点也不比在纸上做练习省力。

临时抱佛脚一定不可取？
——不仅需要，而且科学

一个普遍使用的方法为什么招人怀疑？

社会舆论一直不看好学生在考试前"临时抱佛脚"。普遍认为平时不努力，临到考试慌不择路，拼命加班加点，希望毕其功于一役，是没有效果的。事实上，即使最优秀的学生也要"临时抱佛脚"。考试前捧着书本不放，进了考场还要看几眼复习资料。"临时抱佛脚"长久以来，一直为考生们普遍使用。我们做学生时，到考试前夕，也都"临时抱佛脚"过。

我参加高考是在"文革"后恢复高考的第二年，十年浩劫使我们都成了"考盲"，已经不知道考试是什么滋味了，文化知识可怜到分不清拼音"ɑ、ō、ē、ī"与英语"a、o、e、i"。一切都得从头开始。白天要努力工作，晚上便开始"临时抱佛脚"。文科考试，死记硬背的内容特别多，背诵得苦不堪言。各类知识要点全往脑子里硬塞，读得脑子里一片狼藉。最终还是急中生智，无师自通地想出了一个办法，将每个章节的要点用最精练的词语整理出来，编成一本复习提纲。这样既方便我的最后复习，又有利于记忆。我在上班时还可以偷偷拿出来看几眼，

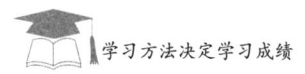
学习方法决定学习成绩

非常方便。这本"精华"当时真的帮了我大忙,复习到后来,只要看几眼,便可以回忆起整个章节的大致内容。尤其是到了临考前夕,它是我最灵验的"佛脚",爱不释手,希望就全在这几张薄纸上。

当时高考在7月份,天气又热又闷,怀着忐忑不安的心情走进考场,仍不忘最后再看几眼"经营"了几个月的复习提纲。教室外的操场上还有不少考生还在认真背诵复习资料,考前"临时抱佛脚"已经蔚然成风。记得在考地理前,一位考生蹲在地上看地图,是一张台湾地区图,我也凑上去,随意地看了看。天下竟有如此凑巧的事!我在考场上打开地理考卷,一道20分的题目就是填写台湾地形地貌。当时的感觉仿佛是天上掉下了馅饼,我急急忙忙地先将台湾地区图填妥,暗自得意,20分就此放入囊中。我自己的"佛脚"加上别人的"佛脚"都帮了我大忙,对于"临时抱佛脚"的好感由此根深蒂固。

怎样"抱佛脚"才算科学呢?

临近考试,考生往往处于兴奋状态的最高点,对识记材料的吸纳性极强,离考试时间越临近,即时记忆发挥的作用越大。平时容易忘记的知识,能在短时间内完全记牢。所以临考前是考生抓紧复习的黄金时段,能否充分利用会直接影响考试的结果。

临近考试,往往也是考生最努力、最用功的时候。考试有压力,考试也有动力,有些学生平时不怎么努力,而一到考试前夕,常常会变得很勤奋,可以放弃自己平时的一切爱好,投身到复习迎考中。所以这样的学习高潮是借助于考试兴起的,趁势而上,抱紧"佛脚",一定会受益匪浅。

那么这个"佛脚"怎样抱才算科学呢?

一是带着问题复习。可以将自己平时学习的系统知识化解为一个一个小问题,来考问自己,自问自答。这是一个自我检测的过程,可以引发兴趣,也可以进一步加深记忆。譬如,针对"1840年鸦片战争"这样一个知识点,就可以问自己"鸦片战争是哪一年爆发的?""鸦片战争使封建的中国社会发生了什么变化?"等等。

二是依靠提纲复习。此时再把课本看一遍已没有时间了,就应记忆提纲。提纲是考生平时复习时提纲挈领的笔记,它能统率所有的知识点,也最便于全面掌握各项学习内容。

三是选择重点复习。我们千万不能捡了芝麻丢了西瓜。此时已到了关键时刻,时间是个常数,复习了这个内容,就可能没时间复习那个内容,这里面临着选择。当然要选得分概率高、分值比例大的内容先复习,抓主要内容进行复习,就能占领考试的制高点。现在语文中考,每年文言文都是必考内容,而且题目比较固定,猜题的命中率很高,因此对于面临中考的学生来说,文言文就应当成为语文复习的一个重点。抓住重点很有必要,它是个最佳的"佛脚"。

当然我们所讲的"临时抱佛脚"并不排斥平时的基础学习。毕竟"佛脚"抱得准不准,复习的路子对不对,都具有很大的偶然性。如果没有平时知识的积累,就凭这么几条死记硬背的定理、原理,到了考场还是难以发挥。只有夯实了基础,在此基础上,再提纲挈领地"抱抱佛脚",才能真正抱得住、抱得好。

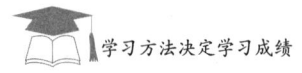
学习方法决定学习成绩

学习不能输在起跑线上？
——超前学习不可提倡

学习的起跑线上没有输赢

有的家长怕孩子进入学校后学习落后于他人，也有家长为了孩子的学习水平能超人一筹，往往拔苗助长。有一句很流行的话，叫作"千万不能输在起跑线上"。

于是，竞相冲刺。要选最好的学校，要报读业余培训班，一掷千金，也在所不惜。进一所心仪的学校，往往是羡慕这所学校教学比其他学校快，所教内容比其他学校多。我家小孩在这所学校读书，这些内容早学过了，得意之情，溢于言表。如果不满足学校所学内容，就去报读业余培训班，往往是向往他们能教一些学校还没教的内容，希望在学校学习前能领先一步。

迎合这种大众需求，学校也往往快马加鞭，尽量明里暗里追赶教学进度，任意增加教学内容。为节省课堂教学时间，有的学校干脆将部分教学内容交给学生课外去学习，这样可以节省课时，加快进度或增加内容。譬如，小学生学拼音，上海的小学曾一度在小学一年级教学内容中省略了。进入小学后，老师发现绝大多数学生早已学会，那么也就干脆不教了。后来,上海教育部门来纠错,以行政规范方式,让小学一律要开两周的汉语拼音教学课程,刚性要求,总算让学生家长放心不少。

为了抢先一步,家长和学生都花费了大量的财力和精力,虽然负担很重,但都一点也不后悔,因为在起跑线上不能输。

这种加快教学进度,扩大教学内容的行为,实质上是一种超前学习行为。学生如果跟不上,还认为学生"笨"得要死。

有一次我去拜访一位朋友,他的夫人正在辅导儿子做作业。门未打开,就听到了一阵阵他夫人对儿子的吼声。进了门,朋友夫人并未因有客人来而略有收敛,那怒吼有增无减。她太生气了,儿子今年读初中,老师布置的作业是背诵几首古诗,竟然背不出!朋友夫人怒视儿子,儿子背得愈加吞吞吐吐。

夫人也没有招呼我,只管用手指着儿子的脑袋,机关枪一般数落。"你怎么这么笨,这脑子里装的是啥?平时让你吃好穿好,只长身子,不长脑子啊?就这么几首诗,你背了多少时候?上课做什么了?人家同学都背得出,你怎么就背不出,脑子进水啦!"

她骂累了,又来给我解释。说她儿子的读书一年不如一年,越长越笨。太伤心了,这些古诗他儿子三岁时就会读,四岁时就会背,是我亲自教的,花了多少心血。那时候,在亲戚朋友面前表演背古诗词,谁不说他聪明。现在把教给他的东西都还给我了,什么也不记得。你说,人怎么会越长越笨呢?

我打住她不断的气愤,问朋友夫人:"你冷静想想,你最早的记忆大概是什么年龄?你的童年记忆最早在什么时候?"

她误以为我是质疑她的记忆力,调整了情绪说:"你是什么意思,

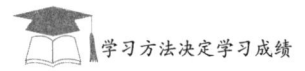

说我么？是我的遗传？我的记忆能力肯定比我儿子强。我们那时没人让我们背古诗词，所以现在没大作为，输在起跑线上。"

我告诉她，我没有怀疑她的智商，只是有兴趣了解母亲自己的启蒙教育。她认真想了想，十分肯定地说，我能回忆的就是幼儿园毕业的那一天，非常开心，吃蛋糕，大家一起照相。再早，就想不起来了。

我肯定地告诉她，你的记忆完全正确。现代科学已证明，人长大后能够回忆的年龄一般在六岁左右，所以六岁是入学受教育的起始年龄。六岁之前，人的心智还未发育健全，记了再多的东西，也许都回忆不起来了。你能回忆吃奶的情景么？你能回忆尿床的尴尬么？六岁前的情景一般不会给记忆留下印迹。

朋友夫人有点失落，不甘心地问我："那么那些辛苦都白费了？"

她的理解不完全准确。一个孩子习得知识要与他心智发展相符合，那么是有效的。譬如小孩从一岁左右开口说话，他的心智发展已到这个习得阶段，当然就很有效。如果四岁开始背古诗词，心智发展还跟不上习得内容，那么看似当时背得很熟练，长大之后，也许辛苦就是白费。

现在很多性急的家长，从幼儿园就开始让孩子学习加减乘除，学汉语拼音，学音乐舞蹈，学着玩玩，开发智力，那也无关紧要。如果把将来的希望寄托于此，那大半要白费。小学学习初中的内容，中学学习大学的内容，都是一样的结果，因为超前学习的效率很低。我们只要想一想一个事实就可以明白，国家颁布了正规的学制和课程，小学六年，初中三年，高中三年，为什么不小学五年，初中、高中各两年呢？每一个学年研制了各门学科，一年级学什么，二年级学什么，三年级学什么，都非常规范，这又是为什么？不就是在遵循学生的心智发展规律，循序渐进吗？这些学制与课程实质上凝聚了几十年，甚至上百年的研究成果，怎么可以随心所欲，任意改变呢？

超前学习弊端多

跟不上心智发展的超前学习，除了白费精力之外，还容易产生各种弊端。

弊端之一，白费财力。现在参加各类课余培训学习学费可不菲，动辄成千上万。现在有人计算一个孩子成长的费用成本，据说从幼儿园到大学要上百万。其中很大一部分都是课外培训的学费，要承担这些费用，家长还是颇有负担。一句"不能输在起跑线上"聊以自慰，有时可能是自欺欺人。

弊端之二，丧失自信。这是最坏的结果。一些学生超前学习，而心智的发展又跟不上，产生极度焦虑。再加上父母的压力，常常表现得顾此失彼，结果学习信心丧失，严重的还会处于全面崩溃的边缘。

很多年以前，我曾去听过一个报告，报告人是一位医学和教育的双重专家，他原是一位儿科医生，后来转而去高校教学。他带领一个科研团队，跟踪调查了十年，得出一个惊人的结论：学生的多动症直接原因是超前学习。他告诉大家，超前学习使学生紧张，顾此失彼。他要完成自己根本完成不了的任务，就会这儿要看，那儿要看，产生焦虑，焦虑到一定程度，就会情不自禁地停不下来了。

心智发展跟不上学习要求，学生会丧失信心而厌学，会失望而放弃。我曾去一所以音乐教学为特色的专科学校调研，发了份情况调查表，收上来一看，大大出乎我意料。统计下来，有百分之六十的学生表示并不希望学音乐,有百分之二十的学生表示讨厌学音乐。我有点搞不明白,这些学生不是因为喜欢音乐才报考的么?学校老师给我介绍,当初他们报考,还是冲着音乐是一门高雅艺术而来。但这门艺术的学习培养特点是早期开发,所以从小学三年级就招人进来。进校以后,高难度的强化训练与孩子的身心发展不相匹配。十年寒窗苦练,产生厌学情绪很正常。小提琴太长,手也够不上,钢琴太高,还要垫椅子上去。心理脆弱,往往就熬不住这个艰苦。学校有一个外地来的学生,来时才小学三年级,学吹管乐,一口气缓不过来,哇哇直哭,吵着不学了,独自离校坐火车回去,吓得老师满世界找他。后来,家长从外地把他送回来,借房子住在学校对面,天天陪读,连中午饭也在学校里陪吃,但他情绪一直不稳定,能不能完成学业,也说不准。

也许这类特殊技能需要超前学习,这是专业特点所决定的。如果一般学生,也不管不顾地追求超前学习,那就完全没必要去冒这个风险,否则后果很难预料。

弊端之三,浪费时间。在起跑线上抢跑,怎么会浪费时间呢?我们分析一下就可明白。学校的学制和课程告诉我们什么年龄阶段最适合学习什么内容。譬如数学学科,小学内容与初中的内容肯定有难易的区别。初中的内容放到小学去学,可能要花费两个小时才能学会,而初中的内容放到初中去学,也许只需花费十分钟就解决问题了,那一小时五十分钟不是白白浪费了?再譬如,学习写作,初中要求以记叙为主,高中要求以议论为主。如果将议论文教学放到初中去学,学生的心智发展还远达不到教学要求,也许花费一学期的时间学习,其效果远不及到了高中阶段的几课时的教学效果。

所以,超前学习也是指超越心智发展,穿越年龄阶段的学习,其导致的不良后果是非常明显的。当然也不是说大家同处一条起跑线上，我们就无所作为。从发令枪响起，学生的输赢不在于谁跑第一步，而在于如何跑，如何有效发力。对此，我谈点想法。

学有余力可适度超前

我以为，对学有余力的学生，可以适度超前。什么叫学有余力，其实也很简单，一看你平时的学习成绩，二看你平时的学习感觉。成绩一直处于班级中上游水平，学习也不感觉很累，那么说明你学有余力，就可以适度超前。什么叫适度超前？那就是你的超前你可以承受，且对学习很有意义。你可以在别人还没学之前自己先自学，也就是老师经常讲的预习，这预习就是适度的超前学习。不要有压力，带着轻松的心情在课前先浏览一遍。看看自己的自学能力如何，在没经过老师讲授的情况下，能否将新的学习内容看懂。看不懂也没关系，不用心急，上课时老师会给你讲解。由于你预习过，就会带着问题上课，理解的速度比别人快，听讲也会更认真。现在不少学生忽视预习，课后又忙着去补课，这完全不符合学生的认知规律。如果你还想超前，就可以多做点练习，做难一点的练习。别人做一张，你做三张，别人背一遍，你背两遍。这样，你掌握知识比别人更扎实。打好基础，到了考场上，发力更充分。

不是什么超前都是有意义的。譬如奥数，教育部门很反对。因为对绝大多数学生而言，除了绞尽脑汁之外，学了以后大多无用。千万别认为像有些人每天吃维生素C，认为吃吃总没错。奥数是学生中的精英玩的游戏，一般学生玩不起。这种学习，看似超前，实质上脱离了跑道。

我还认为,学有余力的学生的超前学习,可以选择课堂之外的内容。扩大视野,培养兴趣。现在很多正规的青少年活动中心,都开设了不少兴趣课程,也不需学费,很值得去参加。譬如学书法、棋艺、绘画、舞蹈、航模等,都是非常好的项目。要根据学生的兴趣,慢慢去学习,不急不躁,只要不都往考试上靠,没有功利的学习会学得很轻松。这些学习,对课堂教育绝对有促进作用,陶冶心情,增强体质,动手动脑。学生身体结实了,心智发展了,当然也就能在跑道上马力十足。

熟悉的考题和陌生的考题哪个难？
——帮助你了解老师的出题意图

考卷上任何类型的题目，都有它的用意

熟悉的考题和陌生的考题哪个难，回答这个问题似乎不需要思考，当然陌生的考题难！事实上并非如此。熟悉的考题也可以出得很难，陌生的考题也可能让你轻松过关。

大凡重要的考试一定有难度，有了难度才有区分学生成绩优劣的标准。相信任何一位老师出题时都不希望学生可以不经过思考就轻松过关。有些题目出现在重要考试中，一眼看去似乎很熟悉，而一熟悉亲切感就油然而生，于是大家放松了警惕，依照以往的记忆和思维定式进行答题，其结果好坏很难预料。考试时，即使基础知识也是有难度的，出题老师常常会在非常基础的题目中加进一些容易出错或混淆的内容，来检验学生的基础知识是否扎实。因为看到了熟悉的题目，于是就按照习惯思维去解题，稍不留意，就把题目做错了。而且做错了，还自认为是正确的，想当然地完成了答题，连结束前复查的步骤也省略了，从而痛失分数。这种情况颇为常见。

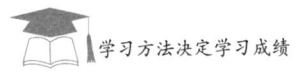 学习方法决定学习成绩

最熟悉的试题最容易出错

  我在上语文复习课时,经常提醒学生:最熟悉的试题最容易出错。举个例子,语文考试中经常有让学生给一个字注音的试题。遇到生僻字,学生不会念,常常抓耳挠腮左思右想。如果灵感突然从天而降,想起了读音,也还会小心翼翼地反复求证,唯恐有半点疏漏。但是一旦遇到一个自以为完全读得出的熟悉的字,学生们大都急急忙忙注上拼音了事,不假思索以为绝对正确,失误往往就发生在这个时候。我敢十分肯定地说,这个熟悉的字十有八九你会读错。试想,如果这个字这么容易读,那就不会作为衡量学生的试题了。正因为这个字属于"熟悉的陌生人",平时经常会使用到,而一般人又常常会念错,这样的字作为试题才有意义。当然,如果学生的基础很扎实,那么即使是熟悉的试题也会万无一失。

陌生的考题不一定很难

  对于陌生的考题,学生感到困难常常有两种情况,一是题型是新近出现的,没有解题先例,自然无从下手。二是试题的内容首次接触,过去闻所未闻,往往会无所适从。而从命题者的心态来看,恰恰是因为陌生,反而不一定出得很难。老师会充分考虑到学生第一次做陌生试题的心理承受能力,把大家都吓得不敢动笔肯定不是老师的本意,也不符合命题的原则。

  有一年高考语文试题中出现了一道陌生题,问的是一组字的声旁与读音是否一致。过去传统的试题,要么让你分析一个字什么是声

旁,什么是形旁,要么让你用拼音标出它的读音,检查你是否会读。而这道题既考了你的形声字的知识,又考了你对字的读音的了解,一举两得,是一道出得极好的综合题。然而由于题型新颖,着实吓退了不少学生。解这道题其实极容易,只要静下心来,找出每个字的声旁,再读一下字音,马上就对应起来了。不少学生其实都具备这样的基础知识,但就在这"读音是否一致"的问题上慌了手脚,只是因为这样的问法实属罕见,该题的题型是陌生的,仅此而已。

对付陌生的试题关键在于从战略上要藐视它,不能被它的"陌生面孔"吓倒,老师出题有时也是考学生的心理素质。现在考试的原则是要降低难度,减轻学生负担,反对在试题中出现怪题偏题,所以学生完全可以坚信那些陌生的试题不是难题。当你有了信心,冷静应对,思维就会活跃起来,思路也会变得清晰起来,这样的心态对解答陌生试题十分有利。同时还要善于剥去陌生题的伪装,不管它外表多么纷繁复杂,试题的内核还是由几个基本原理和基本知识组成,一旦找到一条对应的解决途径,就会一通百通,得来全不费功夫。

其次,要善于寻找相关联的知识点,要善于从陌生的试题中找出熟悉的"面孔"。作为试题,"生"与"熟"之间一定有联系的桥梁。就像前面讲到的语文试题,考你"声旁与读音是否一致",对于"声旁"你不会感到陌生,寻找读音也不是难事,两个熟悉的概念一旦明确,这道陌生的试题也就迎刃而解了。其实平时学习的过程中,我们已经积累了足够的基本知识点了,考试无非是将基础知识综合起来,考察学生对于知识的掌握程度和应用能力。

因此,无论是陌生的试题还是熟悉的试题,只要掌握扎实的基本功,完全能做到"以不变应万变"。

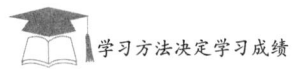 学习方法决定学习成绩

答题必须先易后难?
——教你一种新的答题顺序

答题可以先从中等难度做起吗?

至今记得一名学生与我唱对台戏的情景。

那是一次高中会考的前夕,我照例去作考前指导。依照多年做教师的经验,我从考前的准备、考场的答题一直讲到做完后的检验,都反复向学生交代,生怕遗漏了某个重要环节。考试在即,学生们也都全神贯注地听着。一位学生突然在座位上大声说:"先易后难,要上当噢!"对于这样的质疑,我还是第一次听到,很想知道个究竟,于是问:"按照先易后难的顺序做题是经过多少次考试得出的经验之谈,你有什么样的否定理由呢?"学生站了起来,笑嘻嘻地对我说:"我过去做题也一直是先易后难,结果呢?难的试题根本来不及做,容易的试题也不完全对。于是我开始尝试先从中等难度的题目做起,结果确实很有效。我先做中等难度的试题,心里很开心。因为容易的试题放在那儿,就好像有一大堆诱人的水果,总归是我的,虽然还没解答,但肯定是属于我的考分,所以心很定。"对于如此不符合常规的考试理论,没有经过实证,我当时并不敢轻易赞同,于是回答这位学生说:"这是你

的一家之言,别人未必这样认为!"他却找到更有力的旁证:"我跟大家都说起过,他们也试过,这个方法的确很不错。今天老师又在讲先易后难,大有误导之嫌噢?"我当时感到自己作为老师的权威性受到了挑战,但是一个学生能有如此主张,而且有自己的实践证明,说不定真有一番道理。

方法因人而易,关键是心态和基础

答题从中等难度先开始,也许是一个不错的方法。

我们讲答题"先易",是要求把能够得分的试题先拿下,有一些考分做基础,心情会淡定些。难的试题需要思考的时间太长,容易引起情绪紧张,放在最后解答,来做最后的拼搏。但考试前学生多少都会有些紧张,先做容易的试题,如果因粗心大意或状态不佳,也有可能导致低级错误的产生,这样失分实在太可惜。

先从中等难度的试题做起,也许情况就不一样了。中等难度的试题一般需要一定的思考,但又是学生有能力攻破的。试题一上手之后,容易在短时间内进入考试状态。一般也不会很困难,每完成一题就有一种胜利感,每克服一题心里就增加一分把握。待到将中等难度的试题全部做完,可能已经完成了一半的答题,刚开始考试时的紧张情绪已基本消失。此时,回过头来再做容易的题目,那几乎是顺手牵羊,一路横扫,所向披靡。容易的和中等难度的试题全都做好,基本分都拿到了,此时已胜利在望,应试心理与开考时已完全不同,镇定而乐观。此时向难题进攻,尽一切可能向前挺进,能够深入到哪里就哪里,因为最后的难题确实很有难度,即使没有完全攻克,对于大部分的学生

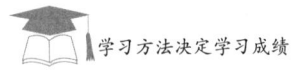

来说也没有什么好遗憾的了。

答题从中等难度做起，要掌握两条原则，这样就可以避免失误。

一是不要把整张试卷的顺序全部打乱。整张考卷的试题一般是按照先易后难的顺序排列的，前面的题目比较容易，后面的题目比较难。学生可以选择当中一部分开始答题，但在每部分中还应按照题目的先后顺序进行，这样才能保证相对的次序性。而且这样做题有一定的坡度，有利于增强考试的适应性。千万不能打乱试卷的全部答题顺序，东跳西窜，想到哪里就做哪里，这样会使答题混乱，思路不清，而且很容易漏题。

二是要能够判断什么是中等难度试题。千万不要把难题看成中等难度。有些学生一开始考试，会纠缠于一道很难的题目，全神贯注其中，结果百思不得其解，犯了"先难后易"的错误，既浪费了时间，又破坏了情绪。拿到试卷，应该先通读全篇，这个工作并不需要很长时间，了解了考卷的全貌之后，就能很容易地按易、中、难分门别类。在刚解题时，要先作一些试探，如果题目解到一半，感到困难重重，可以先放弃，但要做一个记号，以便做完其他试题后再回过头来全力以赴攻克难关。一定要防止陷入自以为"中等难度"试题的泥潭，由于每个学生的基础不同，每场考试的要求不同，所谓的"中等难度"对于不同的学生会有不同的感觉，因此在把握这一点时一定要十分小心谨慎。

这种新的答题顺序对同学们究竟有无效果，不妨尝试一下，如果没有什么意义，那么仅作一种另类的学习方法，听听则已。考试的方法因人而易，关键在于要选择适合自己的方法。

让新奇的感觉在考试前就过去
——考前去考场看看，有利于安定情绪

高考落榜与考场的桌椅有什么关系？

重要考试的考场常常不在学生自己一直读书的地方，譬如自己的教室、自己的学校。因诸多因素，升学考试会采取异地设考场的方法，避免自己的老师监考自己的学生。

任何人对于陌生的环境多少都会产生一些不适应的情绪，因此考前熟悉考场就显得特别重要。到异地的考场去看看，"探探"怎么才能快捷地到达那儿，考场周围有些什么建筑，考场设在教学大楼的哪个教室，从教室往外看有些什么，甚至厕所在哪儿，什么地方有小卖部，口渴了到哪儿找水喝，等等。原则上去一次就可以了，如果有时间，多去几次则更好。

曾经有位考生，高考落榜后十分沮丧。父亲数落她："你平时学习不用功，作业经常完不成。跟你说了多少遍就是不听，现在后悔有什么用？"她立刻回击："那么多作业完成得了吗？但我平时成绩一直是班级前三名。"母亲也来批评："不是我说你，女孩子做事都很细心，而你却总是丢三落四。一定是没把考题看清楚，就匆匆忙忙答题，分数

能不丢掉吗?"她十分自信地说:"到了考场我能粗心大意吗?所有的题目我都仔细看了,不可能是审题失误。"她也在拼命回忆自己高考的失误,想来想去绝不是自己的水平太低。突然,她似乎恍然大悟:"我想起来了,是考场里的桌子椅子出了问题!"父母觉得实在匪夷所思,高考落榜与考场的桌椅有什么关系?不寻找主观原因,一味责怪客观因素,女儿实在无药可救。然而女儿讲得振振有词:"我真倒霉啊!我那个考场,椅子很低,根本够不到课桌。课桌的桌面又高低不平,写起来坑坑洼洼。四场考试下来,腰酸背痛,我哪有心思考试答题啊?"父母听后觉得颇有道理,忙问:"那有什么办法补救吗?"女孩愤愤不平地说:"我要告那个学校,他们耽误我高考,要他们负责!"

　　凡有一丝希望总要全力以赴。第二天一早,父母陪着女儿赶到学校"兴师问罪"。学校接待了他们,带着一家三口到了当时的考场查看课桌椅。桌子还是当时的桌子,椅子还是当时的椅子,所有教室的桌椅都是统一标准的。学校负责人说:"我们学校所配的桌椅都是由教育局统一配备的,有统一标准,你坐的课桌椅也许与你学校的也没什么差别。桌面是有些破损,但所有的桌面都有破损,只要垫些东西,也不会影响答题。而且,你所使用的课桌椅与其他考生几乎完全一样,那么为什么别人能考出好成绩,你却无法正常发挥呢?我们十分同情你的落榜,但也爱莫能助。因为桌椅绝不是考试失败的直接原因。"一番话说得一家三口无言以对,父亲在一旁还是心存指望:"但影响我女儿情绪总是事实,她平时不是这个成绩!"学校的回答是:"影响情绪是什么原因要认真总结,但根本原因不会是课桌椅!"离开学校,他们心中仍感到懊丧,总觉得,虽然桌椅不是根本的原因,但总归有些原因,导致了高考无法正常发挥。他们坚信,如果在本校高考,绝不会是这样的结果。

看来,这位考生的考试成绩与考场的确有关系,如果能先来考场了解一下环境,对于这些"不合适"的桌椅先适应一下,或许高考落榜的事件就不会发生。

熟悉环境是为了安定情绪

先去考场看看,可以熟悉去那儿的路径,不至于赴考时走错了地方,这是一个重要的原因。不少学生粗心大意,在高考时走错了考场,或者找不到考场,我做监考老师时几乎每年都会遇到这样的情况。临考前考生本身就有些紧张,出门时还在念念不忘准备的内容。特别是考前复习天天埋头在书本中,少有出来走走的机会。以前熟悉的路线说不定已经改变了方向,凭借过去路过、看到过的印象,结果却找不到地方,慌乱中会耽误考试的时间,酿成大祸。如果考前去考场看一看,就完全可以避免这种不必要的麻烦。

进了考试学校,还要找教室。考试区域一般都设有建筑平面图或教室分布图,需要拿着自己的准考证与之对应寻找。在考生蜂拥而入时,告示牌前人头攒动,你挤我推,大家争相寻找,费时又费力。找到了指示牌对应的教室还要问一问哪里可以进入,有时校园很大,寻找教室也颇费周折,忙乱好一阵子。总算进入教室,还要找寻自己的座位,尽管有监考老师为你服务,但他一脸严肃仍然会使考生忐忑不安。还未开考,也许情绪已经坏了一半,还得再花费些时间整理情绪,因此很难迅速进入考试的最佳状态。

尽管只是去考场看看,去附近走走,但足以消除因陌生环境所带来的不适与不安。人们喜欢在熟悉的环境里做重要的事情，读书、学习也希望有一个熟悉安宁的地方，因为陌生的地方容易因新奇而分心，也容易因陌生产生不安，会干扰人的正常思维和平常心态。我们也许都有过这样的体验，外出旅游或出差，为排遣空余时间，喜欢携带一些书籍，但少有全神贯注沉浸其中的。在一个不熟悉的环境里，有时很难心静如水，更何况是考试。换了一个陌生的环境，总有一个适应环境的过程，这个适应的过程越充分，人就越容易放松。而由于环境陌生导致感觉不适再加上考前紧张，自然会影响学生考试。就像前面提到的那位女生，在陌生的考场里会感到桌子、椅子都十分别扭，一切都很不自在。而经过一个阶段的适应，才会慢慢恢复常态，但也许考试已将结束。凡是参加考试的考生几乎都有这样的体验：在连续的几场考试中，会觉得一场比一场心情安定，一场比一场发挥正常。越到最后，考试心情越安定，这正是我们逐渐熟悉环境后产生的考试正面效应。

　　所以，考前去考场看看，就是将适应期提前，让新奇感和陌生的情绪在还没考试时就尽早结束，让安定的情绪伴随整个考试过程。熟悉环境，既不会有手忙脚乱的困扰，又有利于消除紧张的情绪，还可以当成考前的室外放松活动，如此一举多得，何乐而不为呢？

你从来没有作弊过吗？
——作弊心态对考试极其有害

我的自白：曾有过一次作弊行为

"在您一生的学习过程中，从来没在考试中作过弊吗？"我曾问过一位年长而忠厚的老先生。他笑而不答。"在历次的考试中，您从来没有想过看别人的考卷？"我又问。他仍然笑而不答。"我在考试时曾有过一次作弊行为！"我自我坦白。老先生听到我的坦白，非常惊讶，而后问我："那后来怎么处理呢？"我说："幸好没人发现！"其实每个人都可以扪心自问，在自己所经历的大大小小的考试中，有没有过想偷看别人试卷的欲望？有没有在考试时拿了自己不该拿的分数？

有人说过年轻人犯错误，上帝也会原谅的。学生有时考试作弊，当然要给予处分，以示警戒。但我认为，实在也不应该就此断送他的前程，让他永世不得翻身。更何况在百思不得其解之际，追求得分的强烈欲望是如此难以抵抗，急中生"智"的作弊行为，恐怕也属一时冲动之举。但令人惋惜的是一旦抓获考试作弊者，社会、学校常常不容辩解就严肃处理，往往连改过自新的机会都不给。比如凡在高考中作弊者，都要受到停考数年的处分。有些高校为刹住作弊之风，自主制定作弊者不得申请学位的校规，学生一旦触及了这根高压线，后果真的相当严重。据说在刚解放的时候，沪上有所寄宿制中学，属于百年名校，为惩戒学生作弊，规定一经查出，一律开除。上午被发现，下午就得走人。一些被开除的学生，提着行李铺盖，凄凄惨惨踏上回家之路，远处是依依不舍送别的同学，那令人心酸的一幕至今使不少老校友回忆起来都还心有余悸。

考试作弊在道德上属于偷窃行为，事实上也造成结果的极大不公平，在同样的考试规则下，无论是否努力复习，都获得同样的效果，那么努力就没价值了。其实，考试作弊的恶果不仅仅在于道德方面，还会严重影响考试情绪，导致考试心态全面崩溃。如果你能认识到作弊的严重性，也许就会将此冲动扼杀在摇篮里。

你听到过这样的"作弊历险记"吗？

对于作弊学生的惩罚，如果我们只是在道德的层面教育学生，常常会仅仅是一种严厉的批评。如果我们从考试的技术层面教育学生，我想也许更能使学生从善如流，所以我想说说我的一次作弊"历险记"。

我做学生时，参加过一次重要的期终考试。照着先易后难的答题规律，洋洋洒洒一口气完成了烂熟于心的试题，然后稳定心情，信心十足地准备着手去攻克难题。真是非常偶然的巧合，当我偶然抬起头来的时候，无意间看到了坐在我前面的考生的试卷，因为他正举起考卷看题目。当时我的视力出奇地好，竟然一眼就看到了一道题的答案。心中一阵乱跳，我无论如何也无法舍弃这已到手的"意外收获"，于是将看到的内容赶紧写到自己的考卷上，当时一定写得非常慌乱，几乎记

不清写了些什么。平生第一次"有幸"作弊,感觉简直像偷盗,慌乱而害怕。所幸没有被监考老师发现,别人都埋头于考卷中,没人留意我的举动,教室里是出奇地静寂,而我的心情就此开始翻江倒海:事后是否会被人看出我抄袭了?被我看到的答案难道一定是正确答案?监考老师有没有可能引蛇出洞而欲擒故纵?如此种种,胡思乱想,思绪此起彼伏,几乎再没什么心情去完成余下的难题。在惶惶不可终日的煎熬中好不容易等到结束铃声响起,我故作镇静交上考卷,而后快步离开考场。

因为当时的慌乱,我的考试成绩并不理想。事后想来,如果当初没有作弊,这张考卷我完全能得高分。现在为偷看了一道考题的答案,坏了考试的心情,也耽误了自己的正常考试,实在是追悔莫及。

临场作弊如此,更不用说那些早有预谋的作弊者。事先周密的准备工作要动很多脑筋,有时还要有人配合,必须冒着被人告发的风险事先寻觅好"同伙"。在考试中还要配合默契,提心吊胆恐怕在所难免。情绪紧张,鬼鬼祟祟,东张西望,心跳不已,这怎么能从容地去完成考试呢?有一次我与一位作弊学生谈话。他透露说,他们在做选择题时,以抓耳挠腮来提示选项,可两人都处于极度慌张的状态中,不知传递者摸错了耳朵,还是当时约定不清,信号传递全都失误,结果全都"文不对题",得分的概率几乎是零,事后因相互指责而东窗事发。

与其如此,不如相信自己的实力,平心静气地去解答每一道试题。作弊有时反而适得其反,扰乱考试的情绪。明白了这个道理,同学们还想作弊吗?

如果还是无法抗拒作弊的诱惑,那就应该作一些心理调整:要把自己看成是一个"英雄",作弊的人则是懦夫,考试成绩再差,至少自己在品质上可以得分。英雄本色的最佳表现就是诚实。即使输掉了一场考试，但赢得了诚实，这就很了不起。

作弊得来的成绩，并不代表自己真正的实力，真正的实力要到升学考试时才能体现，要想在升学考试中成功作弊，无论从难度系数还是风险程度上来说都是极大的。或者说，根本就不可能有作弊的机会。那么，你如果还沉浸在作弊成绩中自我安慰，拿虚假的荣誉来欺骗老师和父母，实质上也是在欺骗自己。

因为作弊而换来不错的成绩，于是就自以为是地认为自己在最后的考试中也一定能过关斩将，一切没问题，从而失去了一次又一次查漏补缺的机会。老师和家长也误以为这个孩子的学习成绩很好，不需要督促和帮助，满怀期望地等待最终的考试结果，结果却必然让所有的人大失所望，这时真正受伤害的还是考生自己。

我曾对高三的学生讲，从现在开始到高考前，所有的测验、考试都不应该设监考老师，因为所有的测验、考试都是一种自觉的演练，高考会对你们作一个全面的评价，不需要学校再为你们打分了。

"倒计时"是催人奋进,还是火上浇油?
——考试前最需要的是一颗平常心

听来使人感到后怕的"倒计时"故事

激励学生学习的手段有许多,但大都应在平时逐步铺垫,不能指望短期促成。现在有不少学校或家长,到考前一两个月,策划一个"倒计时"的方法,增加学生的紧迫感,希望以此催人奋进,产生学习的动力。其实,不爱学习的学生依旧熟视无睹,而爱学习的学生却被搞得紧张兮兮。

我经常看到老师或家长在临考前热衷于设计各种各样的"倒计时"。学校常常在黑板报上辟出一角,家长则在学生床前案头,醒目地标示出"离考试还有××日"的条幅。有的还别出心裁地配上一些图案,警示学生时间不多了。有的画上一只怒目相向的眼睛,表示大家都在等待这一关键的时刻;有的画一个快跑的卡通人,告诉学生要快马加鞭复习迎考;还有画一只硕大的时钟,而钟表刻上24个小时,提醒学生24小时都要投入复习,不吃不睡,夸张得叫人啼笑皆非。

我还听说外省市有些学校,临考前的"倒计时"牌挂在学校大门口,让学生一踏进校门第一眼就能看到,起到警钟长鸣之效。据说有的"倒计时"牌旁边挂起了稀奇古怪的物品，一边挂着一双皮鞋，一边挂着一双草鞋，中间是一个大大的问句："今后，你希望穿什么呢？"其用意是要么考进名牌大学以后穿上皮鞋，日后飞黄腾达；要么落榜后回到家乡穿上草鞋，继续面朝黄土背朝天，何去何从完全取决于现在的努力！

方法种种，都只有一个目的，希望学生能抓紧最后的时间，振奋精神最后一搏，告诉你，时间不多了。

考试前最忌过分紧张

学习成绩与学生的智商有着一定的关系，但是学习成绩是否理想，绝大多数原因是学生情商的差异，且主要体现在学习态度的差别上。学习态度不端正的，又岂能指望其短时间内有所改观？不紧不慢了这么些年，最后的一两个月内已很难改变长期的学习习惯，即使有所醒悟，由于基础太差，往往无从下手，也只能听天由命了。对于那些成绩优秀的学生，"倒计时"也没有什么明显的功效，他们一般自制力较好，升学考在即，很少会随随便便地浪费时间。更何况临近考试，周围的氛围已经相当紧张，学生大都会意识到这种紧迫感，此时再加上一个"倒计时"，氛围紧张到让学生喘不过气来，过犹不及。我们冷静想一想，"倒计时"的作用除了增加无谓的紧张感之外，真是一无是处。

考试前过分紧张，恰恰是考试的大忌。我在带高三年级时，有一个学生的父亲在复习迎考最紧张的时候来找我，提出了一个要求，使我颇为震动。他说你们不要再对我孩子提出高考方面的要求了，随她去吧，考上考不上都无所谓，我只有这一个女儿。我们都十分惊诧，重

点高中读了三年,眼看就要到关键时刻,成功在望,为何要前功尽弃呢?这位父亲告诉我,他女儿好胜心太强了,什么都要十分完美,什么都要胜人一筹。她平时在班级中的成绩中等,考上大学是绝对没有问题,但这并不是她的目标,她要考一个一流的大学,要成为全校的高考状元。实力不够就废寝忘食,现在几乎达到了疯狂的程度,捧着一大堆复习资料,日日看,夜夜看,如此下去,大学还没考,身体早垮了。

当然这是一个极端的例子。但在升学考试前,由于过分紧张而落榜的例子实在是不胜枚举。那位学生的紧张情绪也许主要来自己内在的因素,但也与不少老师和家长人为增加紧张的气氛不无关系。考前最需要的,也是最可贵的,恰恰是保持一颗平常心。

从两个方面调节考前心态

到了最后复习迎考的阶段,自己的学习心态尤为重要,是决定考试胜负的关键。体育运动员参加比赛,教练除了训练他们运动技能之外,更重要的任务是调节他们的竞赛心态。他们都知道,运动员心态的优劣是竞赛成败的重要因素。后来形成了一门心理学分支,叫作体育运动心理学。

考试也一样,需要调整好考前复习的心态,我认为可以在两个方面努力。

第一,放松心态。对的,放松心态。考试肯定是越紧张越考不好,复习迎考当然也是如此。紧张会让你自己处于一种无所适从的境地,不知道自己怎么复习才好,记忆、思考、推理等都会大受影响。紧张也需要,但一定要适度,适度紧张会产生学习动力。而到了考试前的关键

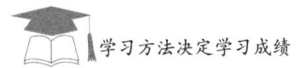

时刻,对绝大多数学生而言,紧张是自然而然的,没有"倒计时"也会紧张,所以此时此刻的主要任务是放松,要有一颗平常心。

心理学有一个判断人的心态的比喻。一串葡萄,吃了一半,悲观的人想,我已吃了一半,所剩无几。乐观的人想,我才吃了一半,还有一半可以享受。同样一个现象,不同心态的人会有不同的想法。那么考前复习的你,如果要放松,就这么想,我还有一个月复习时间,完全来得及提高自己的应试水平。或者想,我还有一个星期的复习时间,只需再把知识巩固一下,完全没问题。相反,如果你这么想,只有一个月时间了,我不吃不睡也来不及复习。或者,只有一个星期就要考试了,时间肯定来不及,我彻底完了。如果这样,那么,就真的完了。

第二,增强自信。自信肯定是复习迎考的最重要心态,这个都知道。令人苦恼的也许是你自信不起来,因为你平时成绩不够理想,平时考试时错误很多,做不出的很多。心情压抑,乌云密布,又感到时间来不及,而要复习的内容太多太多。此时,你就要给自己信心,平时成绩不理想,考试时不一定。很多学生会有一种考后的体会:考前学海无涯,考后回头是岸。考前复习内容很多,因为你不知道教师会怎么出题,考后一切明朗,原来内容不过就是这些。你苦苦背诵文言文二十篇,也许考卷上只出现两句,而幸运的是,你背不出的十五篇,还好一句都没考,你背出的五篇,两句正好在其中,使你一举成功。这叫考试的偶然性。所以尽管学海无涯,但只要努力,说不定那人正在灯火阑珊处。

这样想想,是否很有信心?再看看那个"倒计时",有什么用?

做单项选择题有窍门吗？
——用排除法就能无往而不胜

顺势而下，有时会迷失方向

目前各类考试中，单项选择题十分流行。在A、B、C、D四项选择中，只要你打勾就行了，"手续"相当简单，难度在于如何根据所学知识进行准确选择，有时举棋不定十分痛苦。有些学生面对选择无法确定时，常常借助"上帝"的神功，盲目地赌一把：悄悄摸出硬币，扔一下，由硬币的正反面来决定选择；有些学生干脆全部选择固定一项，让概率来决定成绩。有位学生曾得意地告诉我，有一次外语考试，一共有12道单项选择题，他一题也不会做，于是孤注一掷，全部选择B项，竟然也做对了5题。这种让"上帝"来决定成绩的做法实在很危险，因为上帝不会每次都特别关照你。

做单项选择题的确有些伤脑筋。出题者尽可能地设计一些干扰因素，不让应考者一眼就识破，所以考题会有一些难度。而学生答题往往又受到各种因素的干扰，明明很容易的题目，由于辨析不清，一再失分，让人沮丧。选择题的一个题干和四个选项有时比较拗口，句子长了，一不留神，理解上就会产生困难。譬如我们面对一个长句，"这位饱经风霜的老人不得不在不适当的时间、不适当的场合宣布放弃他坚持多年的理论研究。"其中有不同层次的否定意思，夹杂在一起，辨析起来很不容易。此外学生还容易受应试心理的干扰，对自己产生怀疑。有个考生在答一组选择题时，本来信心十足。结果一路做下来，三道题都选择"A"。到了第四题，自己的判断还应该是"A"，但此时他对自己产生了怀疑，他认为出题者绝不可能把正确的答题都设计在"A"选项上，一定是自己的判断失误。这第四题，他无论如何也不敢答"A"了，于是勉勉强强选了一个"C"，最后的正确答案真的恰巧是连续四个"A"。

逆势而上，在排除错误中见到曙光

有一种方法非常有效，叫作"排除法"，就是在四个选项中，把不正确的先排除掉，最后剩下的一个就是正确答案。

先排除明显不正确的选项。根据自己所掌握的知识，认真对照题干，尽可能地看出错误的选项，先行剔除。这样就取得了三分之一或二分之一获胜的概率。

其次要排除意思相同的选项。在单项选择题中，不可能存在相同的选项，答题要求只能选一项，如果有两项完全相同，那么题目本身就出得不严密。在规范的考试中，不可能出现这种失误。常见的情况是，两个选项意思十分相近，说法略有不同，这样就很有迷惑性，但只要仔细辨析，一定能够找出破绽，将其剔除。

2004年语文高考有一道单项选择题，我们可以以此作一下说明。

给考生一段文字，其中有一句"它是绿荷上的露珠，是峭壁上的

青藤,是红花下的绿叶,是翠柳上的黄鹂,是一种微妙的附着"。然后考你,句子形象地表明了什么? 四个选项:

A、舞蹈与艺术的关系

B、舞蹈演员的人体与衣饰的关系

C、舞姿与形象的关系

D、舞蹈的自然美与艺术美的关系

正确答案是B。也就是说上述一大段比喻,就像演员的个体与附着在他身上的衣饰相互搭配,异常美妙。而选项A和C的意思非常接近,尽管说法不同。"舞蹈"与"舞姿","艺术"与"形象",概念表达基本是相近的,那么就不可能都作为正确选项,如果A是正确的,那么C也不会有什么错,而题目要求只能选一项。

此外,对各选项的内容进行比较,排除错误之选项。譬如有的两个选项意思完全对立,那么极有可能正确的一项就在这二项之中。道理也十分简单,选择往往总在非此即彼之中,如果这一对完全对立的选项都是错的,那么这二个选项完全是多余的,出题者不可能自相矛盾。譬如说,有这样两个选项,一是"这个男人已经死了",另一个是"这个男人还活着",答案肯定是二选一,如果两项选择都是错的,岂不自相矛盾,这个男人到底是死了还是活着?

再例如有一道历史考题,"人们产生纠纷时,需要设立专门的司法机构审理案件,执行刑罚"。问考生从什么时候起,人类社会开始建立司法机构。四个选项:

A、在国家产生之前

B、在封建社会建立之后

C、在国家产生之后

149

D、在资本主义社会建立之后

正确答案是C。"在国家产生之前"和"在国家产生之后"是一组完全对立的选项,如果都是错误的,那么这两个选项作为题目就产生了不可调和的矛盾。所以考生在遇到一对互相矛盾的选项时,一定要仔细斟酌,因为极有可能其中一项是正确的。

排除法是一种相当巧妙的解题方法。如今的考试中,有不少单项选择采用这样的题型。文科类的高考试卷几乎每年都有,其最大的好处是阅卷评分很客观,不会引起阅卷评分的争议。最大的弊端在于限制学生在既定的答案中做出选择,无法让学生主观发挥。所以一旦掌握了"选择"的窍门,就很容易出奇制胜。因此从某种意义上来说,掌握方法比掌握知识更重要。

你想合理提高高考总分吗?
——语、数、外三门学科复习时间要均衡分配

投入的是时间,产出的是成绩

到了复习迎考阶段,我主张语文、数学、外语三门学科的复习时间要均衡分配。当然这里有一个重要的先决条件,那就是你在几门课中没有偏科现象。如有偏科,毫无疑问先治偏科。

据统计,在高考复习中,大多数学生的复习时间都让位于数学,几乎要占全部复习时间的70%,外语其次,占20%,语文居末位,只占10%。产生这种不均衡的现象不是学生自愿形成的,也不是老师"抢课"所致。在这几门课中,对大多数学生而言,数学最难,不迎难而上,难以在考场拼搏。而且,数学考试得分最客观,对就是对,错就是错。多花点时间,容易在考试中见成效。而语文这门学科有其自身的复杂性,投入时间和精力的多少与最后的考试结果往往不成正比;尤其是主观性试题,很难说清楚。而且语文需要长期的积累,不是一朝一夕成绩就能大幅度提高的。

首先,我们必须承认,这样的复习方法有它的科学性。数学不容易学,多花点时间是正常的。但如果你的数学水平已经达到一定的高度,再花很多的时间向顶峰冲刺,恐怕就不是那么容易的事了,这时就

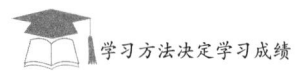 学习方法决定学习成绩

要冷静地权衡一下自己的"投入"与"产出": 投入的是时间, 产出的是成绩。在这种情况下, 如果进入了数学学习的瓶颈阶段, 要想突破, 就需要更大的投入。我认为此时的"投资"是很难获得等量回报的。

按现行的高考规则, 是以三门总分(高考改革, 有四门、六门) 的高低来决定进什么层次的高校, 将70%的时间和精力投入到数学中, 很容易荒废其他几门学科的学习, 高考总分会受到影响。

而且, 命题的原则规定了不论是哪门学科, 一张考卷内的各类试题要合理安排它的难易度, 一般来说, 前三分之二的试题应比较容易, 较易得分, 后三分之一的试题一定很难, 即使花费更多的时间和精力, 也不一定能完全拿到分数。高考这样安排有利于拉开考分的差距, 高校录取时就有了选择的余地, 所以又有人称升学考为选拔性考试。对一位学生来说, 确能有实力拿下后三分之一的难题, 自然是要全力以赴, 如果心有余而力不足, 非要明知山有虎, 偏向虎山行, 结果极有可能赔了夫人又折兵, 难题不会做, 基础题也做不好。因此, 最后的复习阶段很讲究复习的策略。譬如数学, 后三分之一的试题也许要花费你50%的复习时间, 最后两题可能用上高中三年的学习时间也很难突破, 此时要学会放弃, 勇敢地撤退才是明智的选择, 所谓"退一步海阔天空"。这样我们又获得了更多复习英语和语文的宝贵时间, 将原来只能拿到三分之二或三分之一的考分再提高几个百分点, 远比拿数学的后三分之一考分要容易得多, 这样去安排复习时间显然非常高明, 是大家都应该效仿的明智之举。

如何"花最少的时间去拿最多的考分"?

千万记住, 不管你花了多少时间取得的考分, 在录取的价值上来

说是相等的。换句话说,你花3天复习时间拿到了数学的2分和你花1天时间拿到了语文的2分,在录取时是等值的。

那么自然是要争取花最少的精力和时间,拿最多的考分,这是现行考试制度下放之四海皆准的复习策略。

对此,我是有过沉痛教训的。有一年,我教高三语文,数学老师与我"抢课",两人闹得很不开心。数学老师是个年轻人,又是第一次带高三,自然十分紧张,为保证学生学习数学的时间,可谓见缝插针,一个人独占所有的练习课和自修时间,练习试卷发了一张又一张,学生日夜忙于数学。我所教的语文连测验时间也无法保证,于是我想利用班主任的影响力,平衡一下各科的复习时间。可是数学老师用考卷牢牢地占领了所有的复习时间,搞了三轮"最后的冲刺",我的努力根本无法奏效。学生对我说:"老师,我们也被数学老师逼得走投无路,眼看语文成绩上不去,我们也着急!"结果高考结束,考试结果正如我所料:我们班级的数学均分只比其他班级学生高了2分,而语文成绩低了6分,外语成绩低了2分,总分足足相差6分。而数学所提高的2分是学生用怎样的努力和汗水才换来的啊。英语和语文成绩严重影响了学生的总分,学生在升学中都蒙受了损失,大家感慨万千,后悔莫及。

只可惜,在复习迎考时学生并不明白这个道理。因为数学不容易学,于是全身心地投入,就其一科而不及其余,结果数学进步了,但外语、语文落后了。同样有的学生喜欢英语,花费大量的时间想异军突起,然而要爬上顶峰谈何容易,废寝忘食专攻英语,结果荒废了其他学科;也有的学生因为数学太难,英语太烦,干脆全部放弃,想在语文学科上创造奇迹,结果自然惨不忍睹。

高考的各门学科都在总分中有同样的分量,一门也不可怠慢,全

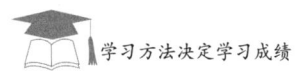

面发展,共同提高才是硬道理。因此进入复习迎考阶段,我们每个学生都应该有明确的目标:分配好精力和时间,力争拿足各门学科前三分之二的考分,在总分上有所突破。当然,你如果有实力,也有时间,后三分之一的难题也可以去努力拼搏,这样的总分一定会很漂亮。

目前,中考、高考改革已启动,上海率先试水。其主要趋势是均衡学生对各学科的学习,让学生全面发展。高考不再分文科、理科,考生考的是同一张考卷。有人预计,数学、物理、化学等会考、高考的难度会下降,以适应报考文科类学生的学习基础。上海中考的科目将进一步扩大,除了传统的语、数、外之外,还有道德与法治(政治)、历史等,再加上非计分类科目物理、化学、体育等,考分共计为750分。当然,各科目的考分权重不一样,譬如语、数、外每门满分为150分,而历史60分、物理70分、化学50分。

面对这样的改革,考生更应全面掌握各学科的基础知识,一门也不能放弃,以提高自己考试的总分。如有考试攻略,我的建议是,一定要均衡各学科的复习时间,拿足前三分之二的基础分,宁杂不专。如果放弃了小科目,你在语、数、外上即使高分,也不足以弥补。

报考文科的学生拼的是数学
——提高高考成功率的有效途径

自知之明：文科考生的弱项在数学

放弃了语文、外语的复习时间，去拼搏数学考卷中后三分之一的难题是不科学的复习迎考方法，但如果数学前三分之二的考分你也拿不足，那当然就要千方百计地去攻克数学，尤其是报考文科的考生，一般来说，拉开分数差距的往往就是数学。

除了由于酷爱文科而报考之外，更多的考生报考文科是迫于无奈：常常是物理、化学读不好，而政治、历史似乎更有把握些。报考文科的考生大都也不喜欢数学，自称没有数学细胞，因为高考，语、数、外三门必考，才硬着头皮学下去，学得很艰苦，学得也很被动。

然而，不知道大家意识到没有，对于报考文科的考生来说，复习迎考，比拼的就是数学。

在语、数、外三门必考的科目中，除了数学以外，另外两门，文科考生大都较有把握，自认为有些水平，所以参加高考，一般不会是低分。在两门功课差不多的情况下，数学成绩就成为一决胜负的关键。有的学生数学有些基础，但误认为反正考文科，从此偃旗息鼓，不愿意再花大力气去学习，关键的复习阶段没有抓紧，必然影响最后的考试结果。有的学生数学本身就很薄弱，报考文科成为他逃避数学的救命稻草，希望数学里逃掉的分数可以在语文、英语里补回来，所以学习数学就更加懈怠。从多年高考结果来看，文科考生在语文、外语中考分一般拉不开差距，只有在数学上比拼，才能见出高低，而数学却为很多文科考生所忽视。但是只要你努力去攻坚，就会很容易胜人一筹，在高考中会收到意想不到的效果。

知难而上：攻克数学难关，获取高考成功

与其说拼数学，还不如说是拼毅力、拼信心。文科的考生害怕数学是很普遍的现象，有的学生天生就是不善于学习数学，从小学开始数学成绩就一直不理想，心中厌烦之情愈演愈烈。到了高二选择文理科时，毫不犹豫地放弃了理科，而且骨子里就认为自己天生不是学理科的料。我有位学生，他写的散文、小说可以拿到杂志上发表，数学成绩常常不及格，于是他把满腔的希望寄托在语文高考时一鸣惊人。老师劝他改变复习的策略，他却不以为然，底气十足地说："我考一个语文状元，不怕名牌大学不要我！"这种自欺欺人的想法最终害得他高考落榜。谁都知道高考录取是以总分为依据的，不会特别青睐学生的单科成绩。而且，考一个语文状元，何谈容易！最后结果只能竹篮打水一场空。

报考文科功夫用在数学，这几乎成了一条规律；而报考理科功夫又往往用在语文或用在外语上。所以应对的方法是根治偏科，拼搏弱项。许多考生以此策略应试，屡试不爽。上海中学的老校长，曾经感慨地说："熟悉高中教学的人都知道，对学文科的考生来说，数学往往能

够决定一个文科生的命运。"真是一句经验之谈啊。

一大绝招：量力而行，拿足基础分

问题是数学怎么去拼搏呢，文科生如何克服数学"恐惧症"呢？

首先应该拿足基础分，也就是拿足一张考卷中前三分之一的考分，这些试题基础性很强，只要花一些功夫，要想攻克并不十分困难。查询一下历年的考卷，了解一下前三分之一的考题主要考什么知识点，相关的内容是什么，然后老老实实地去复习。必要的时候，找老师补补课也不失为一种好方法。总之，目标是彻底把它弄懂，只要拿到这些基础分，就能比别人高出一筹。至于那些难题，是为报考理科的人准备的，并不是我的任务。

其次就是要反复操练。我们常说熟能生巧，我们没有时间也没有能力去攻克难题，却完全有可能把这些基础题从头到尾练习一遍。基础题反映的是基本概念、基本原理，难度不大，面对它们绝对不会有畏难情绪，完全是一分耕耘一分收获，每解出一道试题就会获取一份喜悦。在胜利的愉悦中，你会越做越开心，越开心越想做，这样就形成学习的良性循环。不像解决难题，越做越失望，越失望越恐惧，最后导致可怕的厌学情绪。

如果你有了一定的解题基础，并且目标明确，那么就开始尝试"爬坡"吧，也就是逐渐向中等难度的试题进军。这是一种十分谨慎的渐进方式，遇有困难，不要冒进，前进到自己可以前进的地方为止。换一句话说，就是在可以拿到基本分之后，再向前推进，拿一分是一分，绝不贪多求全。

考前押题并不是投机取巧
——讲究方法就有实效

一个老师帮助学生押题失败的故事

考试前许多学生喜欢押题、猜题,猜测这场考试老师可能会出哪些内容。对于考前押题的做法,历来不被赞同。有人说这是投机取巧,把考试看成是一场赌博,破坏了考试的积极意义;有人说押题是一种危险的侥幸心理,有悖于老老实实的学风。

押题的确是高风险的行为,但学生还是趋之若鹜。有一年高二地理会考,对于这样的副科,学生毫不重视,可一想到地理与高考要挂钩,评出的等级会影响重点大学的录取,学生就不敢怠慢了,但又不愿意为之花费精力,有些学生也不喜欢这门学科,无奈之下,只得央求老师帮助押题。有位地理老师刚从大学毕业不久,年轻气盛,面对学生的苦苦相求,竟然当仁不让地说:"这还不是小事一桩!我读师范时也是靠押题闯过考试关的,这方面很有经验。"学生听了如遇救星,众星捧月般赞扬:"你是我们的大救星,这次全拜托你了。"地理老师更加高兴了,他很大度地说:"这样吧,你们平时就专心攻你们的语、数、外,我为你们甘当人梯。只需在临考前两周,我把考试的重点列好,给你们每人一张,照背就是了,分数全在B等以上。"后来地理老师如约完成了押题工作,每人一张,学生如获至宝。等到成绩下来,该学校的会考成绩比同类学校整整低了10分,别说B级了,光C级就一大把,地理老师此时呆若木鸡。学生说:"老师啊,你害得我们好惨呀。"老师说:"我全力以赴了,怪不了我呀!"校长追究责任,拿来押题的提纲,请教学专家分析原因。原来地理老师凭着读大学时考试押题的习惯和范围给高中学生押题,结果南辕北辙,岂有不耽误考试之理。

作些预测,使自己的复习更有针对性

这位教师勇气可嘉,方法却不科学,从中我们至少可以得出两条教训。其一,凭自己的主观经验来押题,不考虑当前学科的学习现状,也就是学生所说的考试行情,很可能失败。同样是地理学科,大学的要求与中学的要求是不一样的,学生要掌握的重点和难点也不一样,他读大学时的考试经验当然不适用中学的考试。教师出题要根据学科规律和教学对象来确定,押题也应该根据学科本身的特点和学生的实际,要依据当年的考试要求来进行。其二,范围太小。每人一张复习重点,照着去背,你怎么就能押得那么准?譬如说,考气候特征,你能猜到地中海气候是重点就不错了,如果认定地中海的某一个国家气候特征,则是胆大妄为,如果认定某一国家的某一城市,那十有八九会失误,因为根本没有那么高的命中率。

即使冒着如此高的危险,学生还是喜欢押题,以解决时间不够分配的困境,借此实现以最少的精力拿到最好的成绩的效果。如果作为复习迎考时确定复习重点,提高考试效率,那么押题便不算投机取

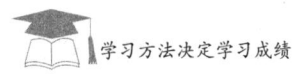
学习方法决定学习成绩

巧。作一些预测,会使自己的复习更有针对性。

一个帮助学生成功押题的故事

要使押题有成效,关键在于方法要正确,要会押题,尽量减少风险,才能以不变应万变。

我有位同事,也是位语文老师,曾给我讲了一个成功的"押题"故事。他的儿子要参加中考,这关系到能否进入重点高中,他自然要全力以赴。可是儿子没有得他的真传,作文成绩极差,差到基本表达都有困难,文字都不通顺,更别说审题选材了。在迫不得已的情况下,他只得亲自上阵,助儿子一臂之力。当时中考的作文试题还比较传统,每年变化不大,总结起来不外乎四个字"好人好事"。写一个好人,叙一件好事,差不多就是在这个范围。他是语文老师,写作文当然不在话下。他就写了两篇范文,一篇写好人,一篇叙好事,让儿子全文背诵,要他在考试之时,照抄上去。但写一个什么好人,叙一件什么好事,实在猜不准,人有千面,事有千种,谁能知道今年的考题是什么呢? 于是他又教儿子如何"见机行事":如果写同学,那么作文中的主人就改成一个班级的学生,如果命题要求写朋友,那么就把同学改成你的好友。经过父亲的指点,无论作文如何命题,都可以在事先准备的材料上,略作剪接,从而拼凑成一篇质量上乘的文章来。万事俱备,只待中考。

果然不出所料,那年作文的要求是叙一件事。给你一段材料,由考生接着写下去。那一段材料大致的意思是到了学校大扫除的日子,同学们正准备踊跃参加,突然发现所有的清扫工具都没有,于是大家就……。这六点省略号之后,考生可以开始自由发挥了。那位语文老师给儿子准备的范文中，正好写了一件关于参加学校劳动的"好事"，押上去应没什么问题，可是"所有的清扫工具都没有"，这个弯子怎么绕过去呢？他的儿子于是急中生智地写道："大家正到处寻找清扫工具，我猛一回头，一眼看到了在门的背后放着一大堆扫帚拖把，清扫工具全在这儿嘛……"接着就把背出的范文一字不差地照搬上去。此举真是聪明，明明命题的要求是让学生写如何克服没有清扫工具的困难，如何参加大扫除，却给他如此巧妙地绕了过去，而写了一篇洋洋洒洒的学校大扫除的作文，虽有违题义，也不能算文不对题。

押题关键是要讲究方法

我多年来一直告诉学生，押题时范围不能太狭窄。学生当然希望明确考试内容，什么要考，什么不考，但如果真是如此精确，考试就失去了原有的意义。所谓猜题，只能圈定一个大概的命题范围。有经验的老师根本不敢轻易确定具体内容，这样做风险太大，那位地理老师当年的一口应承实属胆大妄为。不过我们倒可以请老师判断一下不大可能考的或不会考的内容。这个老师比较容易做到，因为考试大纲或主考部门下达的信息，有时可以提供很多的依据。

让老师和同学一起参照过去的考题，来一个综合分析，不失为一个很好的押题方法。过去的考题会透露许多隐藏的信息，你要善于去破译。譬如每个知识点所占的比例，每道试题的分值，每道题的思路，等等，你把几年的考卷比较一下，很容易得出考试的重点在哪里。但要注意考试的改革，遇到试题改革，就会发现当年的考卷与历年考卷相比，会发生很大的变化。

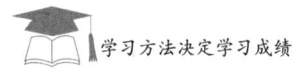

更有效的方法是自己研究考纲,这是公开的考试信息,但很多人会认为,这几句笼统的话,怎么可能搞清楚要考什么。其实你只要深入研究,反复比较,就会发现考纲是有很高的含金量的。譬如"了解"和"掌握"就不一样,"了解"是告诉你,只要知道这个知识点就可以了,而"掌握"就意味着要会运用这个知识点解决实际问题,如果是"熟练掌握",那就强调这个内容就是考试的重点。有位资深的教研员,曾很有经验地告诉我:"每年考纲出来,与去年比较,凡是有不同提法或新增的内容,必考无疑!"

我们当老师的要用辩证的方法看问题,学生喜欢考前押题,不要一味否定它。学生押题至少说明他很投入,很认真,很有思辨能力,比起那些不关心考试的学生要上进得多。我们只要善于引导,教一些方法给他们,就能改变盲目的投机心理,从而提高学习效率。

如果实在不能接受考前押题这种方式,那么就不要将它当作押题,而是看作考前归纳复习重点,也许一切就变得更加释然。

考试为什么不能"开天窗"?
——每题必答会获取意外的考分

西瓜要捧,芝麻也要捡

学生有时很有趣,考卷上答不出来的试题就干脆一字不写,留下的空白,称之为"开天窗"。一场考试结束,就互相询问:"你开了几个'天窗'?""天窗"开多了,考试就有可能不及格。

实在考不出,也只能开天窗。但有不少试题你可能会做一点,此时尽量不要开天窗,能写多少写多少。遇到你吃不准这样解答是否正确时,也尽量把你这个似是而非的内容写上去,力争每题必答。这是一种很重要的考试策略。

我们曾经讲过,遇到难题该放弃的要放弃,这是因为你实在无字可写,苦思冥想会浪费做题时间,造成情绪的紧张。但如果已经拿到该拿到的所有分数,在攻克难题之时,就不存在浪费时间的问题,紧张也早过去,那么就要力求每题必答。不写白不写,写了可能不白写。

面对难题,哪怕只有一点点的模糊意识,也要尽可能地表达在试卷上,尽量争取每一个得分机会。尤其是考卷上的难题大题,一般有较多的考分,与容易的题目相比,权重不一样,它的评分标准往往也不是一步到位，考分分解在各个步骤中，或由几个方面的回答组成，你如果能完成其中一两个步骤或是答到其中的一些内容，就有考分可得。学生千万不能望"难题"而生畏，望"难题"而兴叹，凭借自己的考场灵感，结合所掌握的相关知识，或许就能有所领悟。只要考试还有时间，就要争取多拿些分数，如果每道难题都能拿到一些分数，那么集中起来，就极有可能大大提高总分。在高考中，一分之差，就要付出沉重的代价，岂可轻看这一分二分呢？

我经常遇到一些学生告诉我他们意外的收获。本来一些试题，在考试中也许根本没有突破的可能，临近考试结束时，考试心情越来越放松，看着考卷，无意间会突然有了领悟，峰回路转，于是奋笔疾书，获得了一些意外的考分。不仅捧回了西瓜，还捡到了芝麻，实在是非常幸运的事情。

"考试院肯定把考分计算错了，我多得了9分"

有一次有位学生参加高考，拿到考分后神秘地对我说："考试院肯定把考分计算错了，我多得了9分。"他的神情欢喜中略带些忐忑不安，他是个很诚实的学生。分数多了是件好事，我便与他开玩笑说："别人总怕考试院少算给他考分，还要花了钱去考试院查分，你倒多了分数，那去退还给人家啊！"见我有些调侃之意，他认真地说："我都跟别人对过答案了，记得很清楚，不可能有那么高的分数。"我问他："你怎么能算得那么精确？"于是这位学生就一五一十地给我讲了他答题的情况。他的记性极好，算得确实很精细，可惜的是他不太懂评分规则，把没有完全答完的试题全部排除在得分之外。我听了以后，追问他："你

那些没答出的试题全是空白的吗?"他很懊丧地说:"有的只答了一半,真可惜,还花了不少时间。"我告诉他:"你的时间没白废,那些答了一半的试题因为有正确的部分,所以你也相应得到了一些分数。"我的学生这才恍然大悟。

这样的事例足以让你心动了吧。那么从今以后,每场考试都要尽量做到有问必答,不要在卷子上开"天窗"。尤其是文科类的试题,你东拉西扯地写一通,总归会说到一些得分点的,此时,意外的考分就可能收入你的囊中。

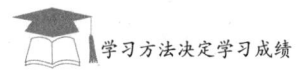
学习方法决定学习成绩

字写得好也能提高考试成绩
——练就一手漂亮的字很有必要

一个被忽视的问题

书写是否漂亮,也会影响到考试的成绩,说来你不一定相信。我们做作业也好,参加考试也好,老师评分的依据是学生书写的内容,与字迹似乎没什么关系。实际上,评分是带有一定主观色彩的,尤其是文科类试题,书写与最后的考分有种天然的微妙联系。

首先,字漂亮能给人留下很好的第一印象。这种心理现象其实很普遍,如果我们与某人从未谋面,但见其字体老练,就一定会认为他很有文化水平。相反,如果一个人,字写得东倒西歪,我们一定会觉得此人文化水平肯定不高。因为"字如其人",所以我们总是以字来判断人的文化高低,虽然并不科学,但常常成为大家的一种心理定势。

过去学校里都开设书法课,很多人都很关注自己的书写,还有许许多多的书法比赛,大家都会踊跃参加。现在有了电脑,写字已经基本为打字所替代,自己的字写得怎么样,大家似乎并不关心。就算是用电脑不多的学生,平时因为课业负担很重,写起作业来更是奋笔疾书,能够写好已经是很不容易的事情了,谁还会去注意那些字迹。

由于书写意识薄弱，有些人大学毕业了，写的字却像小学生。不动笔还像模像样，一动笔，写得歪歪扭扭，有时自己也不好意思。有位青年教师，人长得很漂亮，课也上得好，就是黑板上的板书太糟糕。因此她几年来从不在黑板上写字，只用多媒体上课，所以字迹再难看也无伤大雅。只是有一次，她在全校上公开课，做好了一切准备，多媒体课件也做得极有水平。不料，有个学生举手问她一个字怎么写，由于是即兴问题，多媒体课件没有准备，她只能硬着头皮走上黑板去写。她背着学生，匆匆忙忙写一个，又匆匆忙忙擦去，再写一个，又擦去，如此忙碌了半天，还是写得不成样子。台下听课的老师们都为她捏了把汗，她自己也手忙脚乱。好不容易书写完毕，那个歪歪扭扭的字还是引起了讲台下学生的一阵哄笑。当时窘迫的情形让她无地自容，一堂原本很成功的公开课完全被破坏了。

老师最讨厌的是字迹潦草的考卷

字是否漂亮既然会影响别人对自己的印象，那么学生考卷上的书写也自然会影响到学生的考分。

我曾参加过中考语文的阅卷，那时每天要批阅10大包考卷，每一包都有25份试卷。我阅卷的主要内容是作文，工作量极大，一天下来，头晕眼花。中考阅卷非常讲求阅卷的速度，可以想象，在这种速度的要求下，批阅作文绝不可能像平时在办公室那样细细评判，常常就是一扫而过，而有些考生字迹极其潦草，写得横七竖八，由于字迹不清，此时又没有足够的时间让老师去辨认清楚，因此失分，在所难免。而且老师主观上也会认为写出这种字迹的学生一般写作水平高不到哪去，于是一刀下去，扣去了不少考分，此时学生纵然是妙笔生花，也会大受影响。这种情况在作文阅卷时时有发生，在其他文科类的考试中都有类似的问题，譬如简答题、分析题等，都需要考生书写。你写得龙飞凤舞，乱七八糟，批阅的老师望而生厌，扣起分来一定毫不留情。

如果你的字很漂亮，书写很整洁，那情况就完全不同了。你的考卷很容易吸引阅卷老师的眼球，还未细看内容，先获得良好的印象分。尤其字体若还有些书法的气韵，阅卷老师似乎能读出学生的品行、操守。记得好几次，我与其他老师一起批阅作文，见到那些文不对题的作文，但因为书写极佳，总不忍心扣太多的分数。大家都会情不自禁地叹息："可惜，可惜，实在是可惜。"有时还会千方百计寻找一些"长处"，作为加分的理由。

聪明的学生大都能了解书写的重要意义，我曾听到一位学生给他的同学传授经验："一笔写下去，不要改，涂涂擦擦，东补一块，西加一条，最容易失分。在考卷上宁错不改！"虽然话说过了头，但一言道破书写和考分的暧昧关系。

老教师们常说："字如人脸，一手漂亮的书写字体能增添你几分姿色。"说的也正是这个道理。

收集历年高考试卷参阅
——使自己最快进入迎考状态

注意收集高考信息中的价值元素

收集历年的高考试题,全方位了解高考"行情",尽快使自己进入高考的竞技状态,有时比看参考书、做习题集有用得多。

有一年,我接到了一项十分艰巨的任务。人事局聘请我做一个考前辅导,时间仅一个星期。考生希望能通过考试晋升职务或通过考试进入公务员队伍。人事局的工作人员认为只要是"语文",像我这样的老师,一定会驾轻就熟,全然不顾同是语文考试,其实形式和要求却大相径庭。无奈盛情难却,我也只好应承下来。

没有考纲,没有复习范围,考前辅导全然没有头绪。于是,我向人事局的工作人员提出要求,希望他们能够在最快的时间里提供近几年的考卷。人事局工作人员很快就搜集来了考卷,可对于我的做法疑惑不解:"都是考过的内容,不会再考了吧?"我自然不会拿已经考过的内容来给考生复习,但历年的考题会透露出诸多信息,只要你善于分析,考什么?怎么考?命题意图是什么?略加分析,这儿都明明白白地告诉你,我确定复习范围自然就十分容易。公开的"秘密"一经破译,就可以少走许多弯路。大凡正规考试,题型、内容、要求都有一定

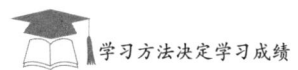
学习方法决定学习成绩

的延续性,虽然不会简单重复,但也不会另起炉灶。在综合分析历年考卷的基础上,我开始给学员授课,讲课时间只是七个晚上,据说后来考试效果非常理想。在大家赞赏之际,我知道,这得归功于那些搜集来的历年考卷。

了解的是信息,培养的是意识

常常阅读历年的考题,还会养成一种答题实战意识,这种意识非常有助于你进入迎考状态。

平时学生学习,都是各种知识的积累,或要牢记,或要思考,天长日久,就会因为熟视无睹而掉以轻心。现在面对的是历年高考试题,是已经使用过的"真刀真枪"。在这些考卷上,知识已化解为一道道试题,需要考生运用所学的知识去一一解答,这个过程实质上就是如何将书本知识用于实践的过程。如果你光有一大堆知识,考试时不会用,也是枉然。到了复习迎考阶段,要力图培养自己在看书学习时的答题意识,多阅读一些历年的考题,就是增长这种答题意识的有效途径。

收集历年高考试卷,既能"破译"高考信息,又能增强答题意识,所以善于考试的学生一般都会注意收集。当然也不是收集得越多越好,太多了你又容易被各种试题搞得不知所措。一般而言,收集前三年的考卷就足够了,这里面高考信息比较"新鲜",也能与将要进行的高考接轨。在阅读历年考卷时,还要注意对照当年的考纲来取舍。过去的试题肯定不会再考了,而每年考试的侧重点有时也会发生变化,所以又不能全盘照搬。

凡事只有亲身体验过的才是最深刻的,收集历年考卷就是一种很真实的考前体验。

考试结束要不要和别人对答案？
——"忘记失败"是成功之母

走出考场，需要的就是乐观

升学考试一般要考好几门，有的学生考完一门，走出考场就喜欢找人对答案。试题答对了，欣喜若狂；试题答错了，则懊丧不已。尤其是发现了自己答题失败后，悲伤之情，萦绕心头挥之不去，直接影响了下一场考试的情绪。

我曾亲眼目睹过这样一件事情。一个学生参加高考，从考场走出来就号啕大哭。七尺男儿，竟痛哭如此，一定是悲伤至极。那天考的是数学，一出教室他就急急忙忙与同学对答案，信心十足却换来一盆凉水，最后两题竟然全部做错。考重点大学的希望化为泡影，怎能不悲伤欲绝。况且他说他本是重点中学理科强化班的学生，他原本希望通过数学这门优势学科与其他同学拉开差距，谁料竟考得落花流水。第二天考政治，我又见到了他。此时他由悲伤变成了愤怒，一出教室，就将政治课本撕了个粉碎，还用脚拼命踩踏，一边踩一边骂道："什么题目！我复习的题目一道也没考到，全是些怪题！"

后来我就不知道这男孩的命运了，也许考上了大专，也许考上了本

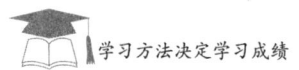
学习方法决定学习成绩

科,但五门科目起码已失误二门,读重点大学的梦恐怕难圆。我想,假如当时他不和其他同学对答案,即使盲目乐观,终究保持那分自信,会有良好的心态面对接下来的考试。

重要考试一般要连续几天,保持这段时间的良好心态是获取优秀成绩的关键。一门考试结束,切忌忙着去打听和了解考试结果。考得好,兴奋不已;考得不好,沮丧万分,都不利于以后的考试。更何况成绩还没出来,一切得失荣辱都很难确定,何必对一个未知的结果惴惴不安呢?考试结束,命运已定,再怎么后悔懊恼也于事无补,这种感觉相信大家一定都有体验。因此,考试结束了,不如只问耕耘,不求收获,说不定反而会获得一份意外的惊喜。

急于知道自己考试的结果,这是很正常的心态。但如果知道了并不理想的结果,反而会极大地影响自己的考试情绪,这就得不偿失了。当然,我们坦然一些,就算高考落榜,也并不意味着你永远失败,但能如此清醒的人并不多。

天地广阔,成才之路就在脚下

下面要讲的故事,是真人真事,故事的主人公是我的两位学生。

他们都在重点中学苦读了三年高中。高考揭榜,一位以全校第一的成绩被某全国重点大学建筑专业录取。一位高考落榜,被通知进一所建筑设计研究所,作为委托培养生,送到系统内的职工大学委培,这是当时政府采取的一条解决落榜生出路的特殊政策。我一直期待那位高考状元会有一番不俗的发展,10年后,二位学生结伴来看我,当年的学校高考状元大学毕业后分到一家民用设计院工作,几年下来默

默无闻地在办公室绘图设计,偶尔也参与一些重大工程设计,可是在他的身上看不到一点事业发展的锐气。那位落榜生到了研究所后,开始做一些研究人员的辅助工作,一边读书一边工作。几年后业务大有长进,很快成为研究所的骨干人员。当时又适逢干部年轻化的机遇,他作为应用型科研人员,被提拔为所长助理,整个人神采奕奕。

命运跟这两个学生开了一个玩笑,但也足以证明了一切事在人为,一场考试的失败并不意味着从此前途渺茫。

许多成功人士,并不都是考场的幸运儿,考试优秀与否与事业发展成功与否并不永远相关。美国《时代》周刊曾刊发封面文章《谁需要哈佛》一文,调查显示,世界500强企业首席执行官只有7名来自名校。

就是高考落榜也未必是坏事,更何况一门考试的失败。一门考试失误,完全有机会在其他考试中弥补过来,如果能有这样的想法,就会有勇气坦然面对失败,稍作休息后再重整旗鼓,迎接下一个挑战。

如此来看,考后忐忑不安地对答案,是不是很幼稚?

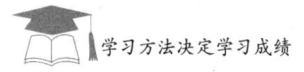

高考填志愿时怎样选择专业呢？
——去了解课程设置和培养方向

选专业，不能跟着时髦的名称走

　　高考填报志愿，是考生的学习成绩与专业选择的一场博弈。参考高校招生目录时，那一个个让人怦然心动的专业名称，会使学生和家长眼花缭乱。

　　所谓填"志愿"，最能反映自己报读什么学校、什么专业的意愿。有些学校的某些专业，虽然学生自己非常喜欢，但由于考分太高，只能望洋兴叹；有些学校的一些专业虽然考分够得上，但自己却并不怎么喜欢，权衡再三，也无法定夺。最终经过反复斟酌之后，再小心翼翼地填写，真是颇费周折。

　　在填报志愿时，有为数不少的学生图的只是一个好听的专业名称。过去凡是专业名称中有"涉外""国际""金融"之类的都十分抢手。每年报考志愿都有一阵当年流行的专业的风潮，不少考生都被它搅得心神不定，风潮一旦形成，填报者往往一哄而上。招生数是固定的，报考的人一多，考分就"炒"了上去。考生和考生家长们基本都是第一次填报高考志愿，他们没有经验，也不知去哪里了解行情，专业选

择有时就变得相当盲目。想当然地觉得凡是好听的专业名称,毕业后的出路也一定很理想。他们从专业名称联想到毕业后的就业岗位,愈发吸引人,个个趋之若鹜。而听来很普通的专业名称,也许是个冷门,考分也许不会很高,往往成了缺乏实力的考生考虑的范围。

更有甚者,只听一个专业名称,就填报了志愿,连学点什么也没搞清楚。好几年前,有一次我去走访市里一所辅读学校,与那儿的一位青年教师进行了一番很有趣的交谈。辅读学校对很多人来讲也许很陌生,它是一所专门让智障学生接受教育的学校,这种教育有一个好听的名字,叫"特殊教育"。从事特殊教育的教师很伟大,他们每天接触那些智力只有幼儿园孩子水平的学生,需要相当的耐心和一定的奉献精神。我当时在教育局机关工作,正逢教师节,所以想去看看这样的基层学校,寻找一两个优秀教师的典型。进了学校,接待我的是这所学校的一位青年教师,她给我讲了许多她的日常工作。平凡的工作中处处体现了她对学生深切的关爱。我很自然地问到她当年怎么会选择这个职业,想从"英雄源头"上发掘她的崇高境界。她的回答却使我大失所望,她很坦诚地说:"我高中毕业填报'特殊教育'这个专业时,根本没想到要从事这个职业,我也不知道'特殊教育'是什么意思,只是隐隐约约地感觉是个很不一般的教育。也许是专门教外籍学生的教师,也许是从小学一直教到高中的教师,总之不是普通的教师。甚至还想到可能专门从事教育谍报的工作,和国家安全局的性质差不多,反正一定很神秘,很有挑战性。想不到我教的学生全是智障孩子,真是'误入歧途'啊。"若不是我亲眼所见、亲耳所闻,否则怎么也不会相信,竟有如此选择专业的学生。幸亏在她了解真相以后,仍然一如既往地保持热情,并做出了成绩,没有因为选择的偏差而终身遗憾。

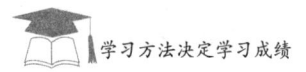学习方法决定学习成绩

最重要的是了解报考专业的课程设置和培养方向

我们不能只凭一个名称去选择自己报考的专业，可是我们到底怎样去了解一所学校、一个专业呢？光查找招生简章是不够的，还应去考察一下你想报考的专业的课程设置和培养方向，这将为你的选择提供充分的理由和科学的依据。

课程设置亮出了专业的全部"家底"，它是为了达到培养目标而绘制的基本蓝图，它反映了学校要达到这个培养目标的构思和规划。考察课程设置，主要看这个专业开设哪些课，有哪些科目组成，其先后顺序怎样安排，每门课程的权重怎样分配。这样就能基本了解这个专业的培养目标，即通过几年的教育，最终达到怎样的结果。而且这些课程你是否适应，是否喜欢，你也可以根据自己的需求作一个选择。这些信息很容易得到，可以参加招考咨询活动，也可以上网查询。

培养方向也是公开的信息，要获取并不困难。了解培养方向，即明确这个专业的毕业生的就业方向，也就是说今后会从事什么工作。对于说不清楚培养方向的专业，考生在选择时要十分谨慎，也许这个专业并不成熟，本身仍在探索中。现在各类学校，为了获得良好的招生效应，为了让学生热情报考，在专业名称上也动足脑筋。搞农业的叫"生物工程"，学计算机应用的叫"现代信息"，叫得越大越好，为了能吸引考生报考，很多专业名不符实。

所以，只有弄清楚了专业的课程设置和培养方向，在专业选择时才能跳出外行看热闹的圈子，我们才能进行理性的选择。

当下，与选择专业有关的还有一种思考，常常让学生选择时举棋不定。那就选择著名大学的冷门专业呢，还是选择普通大学的热门专

业。有时著名大学的冷门专业考分并不很高,普通大学的热门专业考分也不低,两者常常会平起平坐。尤其是这些年普通大学注重专业建设,再加上毕业后发展潜力好,这类专业很吸引学生。有些学生告诉我,当然要选择著名大学,尽管专业冷门,但毕业后很有身价。也有学生告诉我,与其报考著名大学的冷门专业,还不如选择普通大学的热门专业,毕业后找工作很容易,而且薪酬也不低。

这些学生的想法很有道理,不论怎样选择,都有利弊,就看你追求的是什么。如果问我的话,我的意见是,当然选择著名大学,而且越著名越好。著名大学有着良好的传统和声誉,教学质量比较厚实,培养的学生大多很优秀,毕业后身价确实不菲。我参加过人才市场招聘,一些有实力的用人单位,很注重学生毕业学校,有的甚至只招著名大学毕业生,哪怕专业不很对口,也无所谓。他们认为录用员工基本素质很重要,著名大学毕业生在这个方面很有实力。至于专业能力,以后可以慢慢调教。普通大学的热门专业会有季节变化,今年热门,明年也许就冷门了,社会经济发展太快,谁都说不准。

当然,你如果真有实力,什么样的选择都可以。因为大学文凭只是入职的敲门砖,今后的发展全靠自己。单位用人重在员工的工作能力,几年之后,谁再来问你是哪所学校毕业的呢?

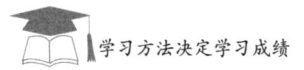
学习方法决定学习成绩

斤斤计较考分有什么错?
——对考试成绩麻木不仁才可怕

"一分之差,万人之下",选人制度决定了对考分的计较

我们常常用"斤斤计较"来比方那些气量小的人。在菜场里与小贩讨价还价,斤斤计较;在奖金分配时与同事互相攀比,斤斤计较……这些计较确实让人厌烦。可有的学生与老师斤斤计较考分,虽然很多老师会认为学生太过于注重形式,气量太小,可是我反而觉得这样的举动着实可爱。

每当分析考卷时,我常习惯将批阅的结果和评分标准一并告诉学生。分析完了,就会有一大帮学生围住我,按照我上课所告知的评分标准与标准答案对照,指出我评分的失误。当我承认有些评分确实可以再商榷时,他们就会不依不饶地要求:"这一分给我加上去,批得太不合理!""这明明是对的么,这几分老师要还给我!""我的答案和别人差不多,为什么要扣分啦?"如此种种,不加到考分誓不罢休。

评分有时也很难,标准答案虽然是唯一的,但学生的作答却是五花八门,尤其是文科类试题,评分的主观性很强,加一分,扣一分,说服力往往不很强。譬如作文评分,大致的评价比较容易得出,几分区别怎么来界定？就是每年语文高考的作文评分，也要千方百计确定评分标准的客观性。尽管如此，考试评分的确有很大的模糊性，几分的误差是再正常不过的了。可是，往往就是因为这一两分的误差，学生今后的人生道路就可能因此而完全不同。按现行的评分标准来说，59分与60分就有质的区别，一个是不及格，一个是及格，这样一来考生对于考分的计较也就情有可原了。

斤斤计较的背后闪烁着学生认真、执着的奋斗精神

学生对于考分的斤斤计较的确事出有因。因为社会、学校、家长都把考分作为评价学生的唯一标准，学生在十几年的学校生活中已经形成了对考分诚惶诚恐的敬畏。考分与学生的荣辱、个人的前途、父母的期望密不可分地联系在一起。不可否认，现在的学生在学习中比的是什么？主要还是那几分考分。那么对考分谁敢掉以轻心？更有"不甘落后"者，不惜考场作弊，以身试法，不也就是为了考分么？

应试教育让学生全神贯注于考分，考分关系着学生的命运，学生关注考分实际上是关注自己的命运，而关注命运的人就能产生巨大的奋发力量。虽然他们未必能将读书、学习与世界风云和国家责任联系在一起，也许考个高分，就是他们读书、学习的最现实的奋斗目标。而学生对于考分斤斤计较的背后，闪烁着认真、执着的奋斗精神。我们可以设想一下，如果考分没有吸引力，如果学生不追求考分，那么他们就不会对考分斤斤计较，也不会为考分去学习和拼搏，学习的动力也就不存在了。实质上，他们所争的不是考分，争的是前途，争的是自信，争的是真理。

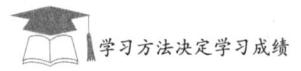

对考分麻木不仁,才是最可怕的

并不是所有的学生都如此计较考分,有些学生"大方"得让老师无可奈何。

学习态度不端正的学生常常会说,老师给个及格分数就行,多了也浪费,真让人哭笑不得。在他的心目中考分高低都一样,只要能混个及格过关就是万幸。我曾执教过的普通中学里有一个成绩很差的班级。一次考试,开考才半小时,一半学生就交卷走出了考场。他们一出考场,就嬉笑打闹着涌向学校小卖部,你买冷饮,我买小吃,开开心心地享受起来,全然没有一丝一毫考试的气氛。我走上前去问他们,到底是本次考试实在太容易了呢,还是这些学生今天水平突然提高,半小时就能发挥得淋漓尽致。不料,他们的回答令我十分吃惊:"题目太难了,我们都做不出,只好随它去,请老师凭良心给分吧!我们反正考不出,坐着也是白坐。"我说:"考得不及格你们就没有压力吗?"学生冲着我笑笑,没有一点难过,一个学生还扮了个鬼脸,无所谓地唱道:"阳光总在风雨后……"我很悲哀,不管考得怎么样,"阳光总在风雨后",他们感到躲过考试的"风雨"就会迎来灿烂的"阳光"。反正考不出来,何必去拼搏。这样的学生当然不会斤斤计较考分。

对待考分如此麻木不仁,与刚才提到的斤斤计较真是大相径庭,更让人感慨斤斤计较的可贵。

当然,面对考分,我们应有一个正确的态度:不要完全被考分牵着鼻子走,因为考试成绩的确不能完全代表自己的水平。相差几分,大可不必大喜大悲,尤其是某一场考试,只是学习历程中的一个驿站,我们还有漫长的征途要走,还有千山万水要穿越。我曾执教过的重点中学,非常讲究"考后100分"。允许学生考试有失误,但是考后工作十分重要,一是订正试卷,将做错的试题重新做一遍,做到正确为止;二是加强对做错试题的反复训练,直到熟练为止。从而保证在以后的考试中不再犯同样的错误,要养成纠错的能力和习惯。

作为当教师的,要认真对待考分,认真批改考卷,这样才能不辜负学生对考分的企盼。同时完全可以赞赏学生对考分斤斤计较的精神,引导学生追求考后100分,提高学习水平才是最终奋斗目标。

对于那些考多少分都无所谓的同学,我的忠告是千万不要自暴自弃。你也该去追求考分,这远比玩游戏打积分有趣得多。游戏中的积分是一种虚幻的激励,如果你也能玩得如痴如醉,说明你很有追求。而考分是实实在在的学习成绩,可以看作是一种充满激情的智力游戏。一场考试下来,也许你得了七十分,别人得了八十分,但与过去相比,你从六十分提高到七十分,别人从七十八分提高到八十分,你的进步肯定比别人大。努力一下,可以一试。

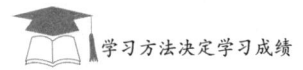
学习方法决定学习成绩

我与老师到底谁有错？
——如何克服对老师的排斥心态

人们常说师恩难忘，但有没有师"仇"难消的？

我读过一篇文章，文章的作者自述了自己总是无法忘怀当年读书时，与老师相处的诸多不快，直到毕业了多年，有一次在路上偶然遇见自己的中学老师，老师热情地伸出双手，他却视而不见，扬长而去，害得那位老师尴尬了半晌。这位作者做学生时所形成的"师仇"情节，竟然严重到如此地步，耿耿于怀十余载，的确罕有耳闻。

在学校中，师生相处，磕磕碰碰在所难免。

有些学生因为不喜欢某一老师而讨厌学习，这样的"师仇"危害极大，最后损失的还是学生自己。

我与学生有过一次很诚恳的交谈，起因是那位学生突然递交了退学申请。这位学生平时成绩还不错，是个性格内向的女孩，如有什么不开心的事，只敢与要好的同学嘀咕。这样的学生在班级里不很起眼，也难以受到老师的关注，但是这么内向的学生怎么做出了这么大胆的决定，竟然要求退学，我十分不解，于是开门见山地问她："为什么要退学，退学以后怎么办呢？"她不敢抬头看我，只是说："我就是不想

读书了。"她回答越含糊,我就越要追根究底,到底是同学的因素,家庭的原因,还是自身心理有障碍。我换了一种语气小声说:"你有什么不能和我说吗?我一定不告诉任何人,谁都有秘密。"或许是我的诚恳赢得了她的信任,于是和盘托出了她退学的原因:"我讨厌班主任,他老盯着我,看我不顺眼。"我赶紧劝说:"不会吧,你的班主任可能脾气急躁些,但没有理由讨厌你。"女学生这下理直气壮起来:"理由当然有,有一次考试我根本没作弊,他上来把我的考卷一把抢过去,撕了个粉碎。从此一直盯住我,好像我这个人十恶不赦似的。"这下真相大白了,她要退学,是与班主任产生了激烈的矛盾。我于是建议:"你可以找班主任直接谈谈,我也可以帮你跟他聊一聊。"我的提议令她非常反感:"有啥好谈的?我们互相讨厌已经是事实了,这样的隔阂很难逾越。"她一口气讲了一大堆班主任的不是,但没有一件事可以证明班主任是在故意伤害她,反而是她在自我伤害。当然有这样的结果,班主任的确也有一定的责任。

你不喜欢老师这个人,连带着会不喜欢他的课

为师者,要千方百计把课上得让学生喜欢,让学生因喜欢自己的课程而喜欢上自己,从而更加激发学生对这门学科的热爱。当然也有老师很有人格魅力,学生往往由于欣赏某位老师而喜欢上这位老师教授的课程。无论是哪种情况,都说明师生之间只有情感交流融洽,知识交流才会更加顺畅。

其实并不是所有的男老师都英俊潇洒、风趣幽默,女老师都美丽大方、温柔细致。有的老师本身不免有些缺点。但就是因为这些缺点,学生就产生排斥情绪，实在有些不合情理。到学生中间了解情况，他们总能说出许许多多的理由：这个老师口齿不清，上课听不懂；那个老师"凶神恶煞"，使人望而生畏；这个老师太难看，影响视觉审美……各类理由，花样繁多。教师也是平凡人，岂能没有缺点，而因为这些缺点，就对老师产生反感的情绪，影响了与老师的正常相处，既是老师的悲哀，更是学生的不幸。当然，我们也不排除有些老师的言语行为欠妥当，从而引起学生反感，那自然应该另当别论。

经常发生的情况是，你不喜欢这位老师，连带着也会不喜欢他讲课。你在课堂上会不由自主地产生逆反心理，讨厌他的声音，讨厌他的教学，甚至讨厌他对你的关心。如果这样的情况继续发展，逆反的情绪愈演愈烈，最终会给自己带来更大的困扰。老师很平常的言论和举动，你会认为是老师故意与自己作对，师生关系急剧恶化，厌学情绪难以抑制。

你无法改变师生关系，你只能改变自己的心态

老师不会因为被某个学生排斥，就失去教书的资格。你可以提意见，却无法改变你们的师生关系，他还是教他的书，日复一日，年复一年。如果你是一个聪明的学生，要做的不是去改变老师，而是去改变自己，使自己尽快调整与老师的关系。如果一味排斥老师，整天牢骚满腹，也许损失最多的还是学生自己。

其实这是一种心理的自我调节过程，只要有意识地改变自己的态度，改变自己对他人的看法，才能正确处理好自己与老师的关系。

面对你并不喜欢的老师，要设法去想象他的优点，他的长处，作

善意理解，你会逐步接纳并喜欢上你的老师。老师很凶，说明他认真，难道你喜欢一个不负责任的老师吗？他讲课不清楚，可能你还不适应他的方言，其实老师讲的内容还是很有价值的。他长得很难看，说明很有个性，很多有个性的人都相貌不扬。老师责怪我、批评我，说明重视我，对我特别关注……事实也确实如此。有的老师一味迎合学生的想法，并不一定是件好事。校园里，经常可以遇到教师受学生"欢迎"的事情。当学生知道某位老师监考自己所在的考场，会热烈鼓掌，究其原因，往往是这位老师放松监考，学生可以随意作弊。这样的老师你去欢迎他，无异于放任自流，最终受影响的是学生自己的学业。

有些学生胆子大一些，那么不妨直接找老师沟通，非常诚恳地给老师提意见。一般来说，对于学生中肯的建议，老师都会欣然接受，他会有则改之，无则加勉。老师绝不可能对学生的成见记恨在心，日后找机会报复。老师们反而会因为你的诚恳与尊重，而对你加倍赞赏。在频繁而友好的交流中，互相了解，更增进了师生之间的友谊。有时学生会到我这儿打他们老师的小报告，如果没什么原则性问题，我总会鼓励学生："你可以直接与老师沟通，这样效果会更好。由我来处理，老师知道了，会怎么想呢？"

我一直认为，学生排斥老师，有老师自身的原因，也有学生自己的原因，缺少相互沟通是主要原因。古人说"教学相长"，教与学两方面如果能走到一起，关系和谐，就一定能产生最理想的学习效果。

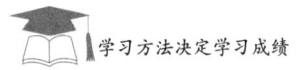

不要放弃当学生干部的机会
——荣誉感能促进学业发展

一个无法理解的故事：家长反对孩子当干部

学生当上了学生干部，几家欢喜几家愁。有的学生认为十分风光，能在同学中间出人头地，能让老师另眼相看，是件值得自豪的事情。有的学生却不以为然，当了学生干部要花许多时间从事集体活动，会给学业带来很大影响，是件吃力不讨好的事情。

我有个学生，为人朴实敦厚，同学选他当劳动委员，他本人欣然接受。没料到，竟遭到父母的极力反对，非让他"辞"掉不可。学生觉得愧对同学的信任和老师的期望，不愿"辞职"而与父母发生了矛盾。几天以后，其母气势汹汹到学校兴师问罪："你们怎么这么欺负我小孩？"我有些莫名其妙，被选中做学生干部怎么是被欺负？待她暴风骤雨般地一阵数落之后，我才了解了她不允许孩子当班干部的理由：一是孩子太老实，让他当劳动委员，无非让他每天给学校义务劳动。二是每天为大家劳动，哪有时间读书学习。成绩本已平平，还有什么时间复习功课？面对如此振振有词的家长，我纵然是有千万个理由，一时也难以应对。

我当了几十年的教师，还很少碰到原本成绩不错的学生因为当上了学生干部而荒废学业的先例,倒是见过不少原本成绩平平的学生,因为当上了学生干部而大有进步的事例。

一个使人产生联想的故事:红袖章改变了他的人生

当学生干部一般都能带给学生荣誉感,这样的荣誉感十分可贵,它能够激起学生强烈的求胜心理、高涨的学习热情。既然是学生干部自然就应该在各个方面出类拔萃,不甘默默无闻,不甘落后于人,要符合自己的干部身份,就要处处走在别人前面。其实绝大多数学生都有这种胜人一筹的欲望,大家为了考分而不懈努力,而考高分的目的不就是为了超越别人吗?一般来说,成绩优秀是成为一个学生干部的最起码的要求。因此有的学生为了能当上干部,严格自律,以惊人的毅力刻苦学习。有的学生为了能当好干部,更是处处以身作则,总希望自己百尺竿头更进一步。之所以会有如此的表现,都是学生干部自身的责任和荣耀产生的动力。然而并不是人人都有机会成为学生干部,所以如果你有此机遇,我劝你千万别放弃!

我曾经做过一个实验,在班级中大肆"封官许愿"。团支部书记、副书记、支委、班长、副班长、组长、副组长、课代表、副课代表,还有一大堆干事,班级中三分之二的学生都安排了职务,各负其责,各显其能,结果这个班级的整体风气明显好转,凝聚力大大加强,这就是荣誉感和责任心所带来的积极效应。

有一个学生,平时经常上课迟到,我怎么批评也无济于事。他的理由多种多样:家住得太远,公交车晚点啦;闹钟坏了,早上醒不来啦……归根结底都是客观原因造成的,自己没有任何责任。对于这样的学生，三番五次的教育显然没有什么作用，我也有些无可奈何。有一次，我们班级轮到在学校值勤，要选几名优秀的学生担任值勤人员，大家争相报名。当时有人开玩笑，提议让他去值勤，戴着红袖章，夹在迟到的学生中间进校，一定很有趣。尽管讽刺的意味很浓，但我认为这也不失为一种教育的好方法。他知道值勤的消息之后主动到办公室找我，开门见山地说："老师，我也报名值勤。为什么别人可以值勤，我就不可以？"我有些意外："你能保证不迟到吗？"他一点也没思考地回答我："如果我要'管'别人，我自己当然要先做到。"于是，我答应了他的要求，并表示相信他一定能实现承诺。果然不出我所料，从这一天起，他整整一个星期都没有迟到过。不但没迟到，而且总是第一个到学校，值勤也格外认真，戴着红袖章，一脸正气，对迟到的学生批评得头头是道。总之，他再也不迟到了，这么个积重难返的坏习惯，一戴上红袖章，完全改变了。如果一个"红袖章"尚且如此，那么一个班干部的"效用"更不可小觑了。

学生当上干部，是一种荣誉，更是一种机会

凡事总要一分为二地看待，当学生干部也是如此。在我们充分认识到当学生干部给学生带来正面效应时，也要看到潜在的弊端。当然这里所说的弊端不是那位让孩子辞去劳动委员的母亲所列举的。要注意的倾向是，鲜花掌声容易使人迷失自我，父母的宠爱和老师的偏爱容易使他们变得自负、争胜好强、自以为是、禁不起大风大浪，缺少受挫的机会，缺乏抗挫能力，这的确需要引起老师和父母关注。当然，只要我们引导得当，学生自己也能认识清楚，解决这样的问题并非难事。

我要阐述的重点仍然是学生干部的积极效应。譬如,当学生干部能提高学生的办事能力——这在教育界称之为"非智力因素"。当了学生干部,总有一份集体工作要去负责,自然就有了与他人打交道的机会,在与他人的沟通过程中,交际能力、应变能力、决断能力都会有所提高。我们常发现,学生干部一般比普通学生要显得成熟,或许刚踏进校门的时候,大家还都难分伯仲,但由于一段时间的"任职"经历,那些学生干部们会渐渐脱颖而出。例如,团支委、班委的同学在商量工作、分工落实的过程中,组织能力和协调能力都会有所提高,沟通能力和管理能力也会增强。许许多多课本里、课堂上无法获得的经验都可以在"任职"的过程中获得。经验转化成能力,为增强学习的自觉性,为毕业以后走上工作岗位,奠定了扎实的发展基础。如果说"不想当将军的士兵不是一个好的士兵",同样,不想当学生干部的学生不是一个优秀的学生。

我也一直认为,"哀莫大于心死",学生如果什么干部也不想当,没什么追求,对什么都不热情,这样的心态对于一个尚处于成长阶段的孩子来说,是相当不利的。整天浑浑噩噩,过一天是一天,考试及格不及格都无所谓,更不要说自己去争取什么荣誉和责任。这种没追求、没抱负的学生,在以后的发展中也一定不会有什么希望。所以,对于可以成为学生干部的机会,大家千万不要轻易放弃。因为很可能你放弃的不是什么"义务劳动",也不是什么"学习时间",而是放弃了自己的学习动力和将来的发展。

让学生当干部,培养的不仅是他的今天,更是他的明天

也许有人不同意这样的观点,人本身就是千差万别的,安心于当个好学生而不走"仕途"又有什么错？一门心思寒窗苦读，不让任何非分之想干扰学习，当然这也是一种发展方式，但这不是全面发展。我不反对寒窗苦读，当学生干部的也要寒窗苦读，要成绩优秀，这是成为一个学生干部的前提条件，也是当一个学生干部的最终目的。但与那些"两耳不闻窗外事，一心只读圣贤书"的苦读者相比，学生干部能更多地培养自己的"非智力因素"，情商也更高，当然会有更广阔的发展前景。尤其在进入社会之后，人们之间的竞争也进入了多元化的状态，书本知识只是作为入职的基础，之后的竞争还是要看每个人的综合素质的。而综合素质是个人各方面能力的综合反映，绝不是多读几本书，多做几道题就能培养的。因此有人说，如今社会的竞争不是智商的竞争，而是情商（除了智力以外的各方面因素的综合）的竞争。

我有一位朋友的女儿，读到博士毕业，完全属于高智商的人群。然而她的情商怎么样呢，我的朋友整天一脸愁容，见人就诉说："我真后悔。"问其原委，他说："女儿都快三十岁了，不会谈恋爱，不会自理生活，每天除了读书还是读书，完全是一个废人，读博士有什么用？还不如职校毕业找一份工作，倒也像像样样过日子。"我朋友是某大学的教授，竟然能有如此言论，可见人的情商有多么重要。我想，如果这位女博士平时能够经常走出书斋，参加一些社会活动，是绝不会发展到今天这个地步的。

宁当鸡头，不做凤尾
——选择最适合你的学校

"再穷不能穷教育，再苦不能苦孩子"，如今又有了新解释

每次中考、高考，总有学生的分数在录取线下面一点，可是再怎么懊恼都无济于事。诸多家长为这一二分的差距真是伤透了心，托人情，跑关系，甚至不惜重金出击，以获得较好的入学资格。

我们信誓旦旦保证"再穷不能穷教育，再苦不能苦孩子"，砸锅卖铁凑钱，厚着脸皮托人，自以为对得起孩子了，殊不知，跳高几分进入的学校，违反了学习的客观规律，定会带来极大的负面影响。家长们辛辛苦苦，满怀希望，结果却往往适得其反，事与愿违。

我曾接待过一位家长，趾高气扬地到我办公室扔下一句话："我孩子要转学！"问其原委，他郑重地告诉我："我小孩的考分原只差重点中学最低分数线二分，我现在都已经搞定了！"我极力挽留："你小孩在我们学校读得很好，为什么要转学呢？"他以为我不懂他的意思，很内行地说："你不懂，在你们学校我一直不舒服。你们学校分数线是多少？我们高出六分，六分全浪费了啊！我们差那个中学二分，就是一万元买一分，也值！"这位家长当时认定他的孩子只有在更好的中学

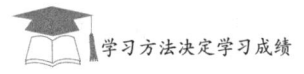

读书才会更出类拔萃。

拔苗助长的故事还没有讲完……

一年以后,又是这位家长,满脸愁容来到我面前。开口就是"我上当了,我上当了",我已有预感。他气呼呼地告诉我:"出了几万元钱,进入了重点中学。也不知怎么回事,小鬼还是不争气,书是越读越糟糕。上课不是睡觉就是看闲书,现在倒好,干脆吵着要退学。"他看我不动声色。"还是到你们学校读吧,可以吗?当时你们还选他当班干部呢!"他终于吞吞吐吐地说出了来意。当然,亡羊补牢,为时不晚,耽误的学业可以补回来,但是孩子失去的自信心和上进心就不那么容易找回了。

考试的成绩证明了学生的学习基础,进入相同分数段的学生的水平基本相同。老师会根据学生现状实施教学,按部就班地安排内容。跳高一个分数段,进入不符合自己学习水平的学校,自然会产生跟学校教学安排不合拍的情况。长此以往,学生会越来越跟不上节拍,学习自信心也随之丧失,越听越不懂,越不懂越不要听,陷入可怕的恶性循环中。还要面对家长的斥责、老师的失望和同学的轻视,不但学习成绩日渐下滑,心理也会产生严重的自卑感,一步走错,后患无穷。

就拿鸡头和凤尾这两个最生动的形象来打个比方,我认为选择一所学校就读,宁当鸡头,不做凤尾,才是最适合的学习环境。

面对四面楚歌的学习环境
——转学会使你的天地焕然一新

有时,转学是一个明智之举

考上一所理想的学校很不容易,时间一长,一个熟悉的读书环境也很值得留恋。但有时学生在一所学校里,在一个班级中,也会面临四面楚歌的境地。同学之间关系骤然紧张起来,与老师也存在许多解不开的疙瘩。此时,就应该考虑换一个学校去读书,转学虽说是被动的行为,但有时也是明智之举。

有的学生千方百计想转学,明明是一所很适合自己的学校,却总是这山望着那山高,想转到自认为更好的学校去;也有的学生又怎么也不愿意转学,明明在这个学校求学已经举步维艰了,可由于长期在这里学习生活,习惯成自然,想要离开不是件容易的事。殊不知,在一种很压抑的环境中硬撑着求学,学习效果大都不佳。

有一个女学生,人长得不算漂亮,但个性非常活泼,很喜欢与男生交流感情。少男少女,情窦初开,的确是件很麻烦的事情。不久,就引来了一场争风吃醋的风波。她与班级中的一位男生在长期的接触中产生了感情,明明知道这位男生有一个外校的"女朋友",但还是深陷其

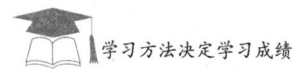

中,难以自拔。那个外校的"女朋友"知道了此事,便三番五次地警告她,不要夺人所爱,她却根本不当一回事,照样我行我素。一天,外校的女生纠集了几个同学找上门来,先是和她理论,谁知道三句话不投机,就噼哩啪啦动起手来,几个女孩子把那个女学生打得鼻青脸肿,然后扬长而去。

女学生的母亲知道后,很快就报了警,又嫌警方办事不力,一怒之下向报社反映。报社得到"五个女生殴打一个女生"的热点消息之后,非常兴奋,立即在第二天的报纸上头版头条予以报道,不但配上了惊心动魄的标题,还配发了照片。事情见报的第二天,学校里就沸腾了,老师、学生都三五成群地议论,有的学生专门去教室看那个被殴打的女学生。女学生此时感到事情已不可收拾,她开始精神恍惚,走到哪里仿佛都有人在背后指指点点。

母亲更加气愤,指责学校保护青少年不力。学校负责人劝她说:"事已至此,为了你女儿的安全,还是转学吧!"母亲不同意:"我们不转学,随便转个地方,对学习不利。"学校负责人耐心地劝说:"我们正是考虑你孩子的学习,她在这样的环境下学习。自己的压力会很大,换一个地方会有所缓解。"母亲冷静下来仔细考虑了几天,权衡了各方面的情况,最后终于同意转学了。

转学时的说与不说

虽然我并不知道那个女学生转学以后的情况究竟如何,但考虑到当时的处境,转学无疑是解决问题的最佳途径。

换了一个新的环境之后,个人的过去往往容易隐藏,这样可以轻

装上阵,不必再背上沉重的"历史"包袱。在一所学校里你的"历史"构成了熟悉的"档案",其中包括了你与同学的关系、老师对你的看法、学校对你的认识,等等。对于青年学生来说,不需要"档案",也不该有"档案",不论是有形的还是无形的"档案",这些"档案"凝固了外界对你的评价,也凝固了你的自我认识,除了增加学生们对自己过去行为的负担之外,实在没有什么积极意义。转学之后,关于自己的不良记录自动清零,一切可以从头开始,这就是转学的积极意义所在。

其实转学也是一种积极的学习态度,可以使自己轻装上阵。在转学过程中我们应该注意以下几点。

首先应该转到一所对等的学校,课程的设置和同学的学习基础都与原来的学校差不多,你能够比较快地适应新的学习环境。转学的误区是转入比原来学校高一档次的学校,因为你是新转来的学生,本身就会有一种"外来户"的感觉,不能很快融入新的学习环境,加之无法赶上更高的教学水平,跟上更优秀同学的学习步伐,还可能受到新的歧视。这对"重新开始"非常不利。

其次,不要到新学校去声张自己的"历史"。人家会问怎么会转到我们学校来的啊?有的家长和学生会知无不言、言无不尽,把过去的事全部"交代"清楚。这样一来,等于将"档案"又转到了新学校,给别人造成一个先入为主的印象,转学的积极意义就显现不出来了。为了把好这一关,最好精心设计一个转学的理由,因为绝大部分学校遇有转学的学生一定会问个清楚,学校也不想招致新的麻烦。

所以,在需要的时候,转学的意义真的非同寻常,它会帮助你走出困境,使你的天地焕然一新。

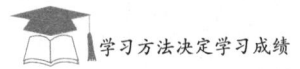
学习方法决定学习成绩

不要以为学好语数外,什么都不怕
——学会"一技之长"使你人生更从容

从小学会"一技之长",真好!

每到双休日,年轻的父母陪着自己的孩子去上业余学校的情景,成为都市生活一道特殊的风景线。他们不是去补习文化课,而是拿着各种乐器、画卷、电脑等学习用具,父母一手牵着孩子,匆匆赶路,口中还不时地提醒这提醒那,不浪费一分一秒。

年轻的父母有明确的目标,培养孩子要从娃娃抓起,千万不能让孩子输在起跑线上。大家都在望子成龙、望女成凤,如果有学科以外的"一技之长",也会高人一等,胜人一筹。家长如此呕心沥血地培养自己的孩子,并不是希望孩子真的成为什么专业明星,他们最为关注的可能还是以后的升学机会,不少懂行的家长都知道,现在小学、初中已取消了入学考试,那么进入好一点的学校,几张琴棋书画类的证书,也很有说话的分量。

没有升学考,学校还是想招收好的学生,那么学生的非学科类证书就成为一个衡量学生各方面能力的依据。有没有钢琴等级考试的证书,有没有书法比赛的奖状,有没有学习少儿英语的经历,这些证书和

学习方法决定学习成绩

材料成为孩子们入学的竞争资本。没了入学考试,也没了学科竞赛,学生的比拼渐渐转向琴棋书画。虽然不一定靠谱,但总是一种新的希望。

入学时还要有一轮面试,测试学生的综合素质,看孩子的反应能力、识别能力、思维能力等学习能力。为了考察学生各方面的能力,学校设置了一些参与性的游戏,有点类似"智力大冲浪"或"脑筋急转弯"等益智类节目。小学面试我参观过一次,来的都是幼儿园的小朋友,很可爱也很天真。老师让他们说出十种蔬菜的名字,小朋友答出十种蔬菜的名字则通过,如果把水果说成蔬菜了,那么算概念不清或辨别能力不强。有一所很有名气的初中学校,面试的题目很有创意:交给学生两把钥匙,再给他十把锁,这两把钥匙只能打开其中的两把锁,要求学生用最短的时间完成开锁任务。这里面就有很多配对的技巧,能充分反映学生的机智程度和反应能力。这些也许就与琴棋书画类的学习有关。培养情操、开发智力,说不准就能在入学面试中一举成功。

半途而废,实在可惜

从学生入学后,他们往往不再热衷于业余学习这些一技之长,择校任务完成了,学生和家长又把全部的热情奉献给了语、数、外三门主要学科,业余补习也由原来的培养非学科类兴趣,变成了各类补习班、辅导班搏杀。经过一段时间培养而拥有"一技之长"的孩子,只能调整努力的方向。

过去学习的"一技之长"到了择校结束后真的变得毫无意义了吗?"一技之长"真的一定要让位于语、数、外吗?我认为大可不必。其实如果处理得当,拥有"一技之长"会使学生受益终身,这当然也包括对

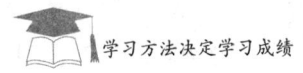

考试和升学的帮助。

譬如说绘画,你若从小培养,且能有所成绩,比其他的同龄人有更多的优势,有更多受到老师重视的机会。班级需要出黑板报,班级要参加与绘画有关的大赛,常常是非你莫属,你可以为集体争光,老师、同学自然会对你另眼相看。又由于你有这一技之长支撑,在学习低落的时候,有一种"我并不比你差"的信念来鼓励自己。到了高中阶段,你可能在语、数、外学科上稍稍落后,但至少你也有其他方面的强项。我遇见过许多自暴自弃的学生,之所以如此,往往是缺乏自信的资本。他除了被人批评、指责之外,几乎没有什么可以让别人去肯定的地方。当然如果你有绘画这样的一技之长,到了高考时还可以选择艺术专业,专业加分足以使你弥补文化考试成绩的不足。这时你就完全可以与功课优秀的同学站在同一起跑线上了。

毫不夸张地说,学会一技之长,能使你人生更从容。

一技之长,提升的是素质,创造的是机会

我们学校有个学生高二的时候出国留学,回上海探亲时说无论如何要来看望我。我几乎已记不起这位学生是谁,经他的父亲提醒,才想起当年的情形。这位学生的学习成绩从小学到初中一直处于中游,中考成绩也并不理想。而他却钟情于计算机,在这门技能上花费了大量的时间。父母都非常着急,计算机技术不是语、数、外,怎能如此不务正业?他们跑来找我商量。他父亲特别担心,说:"这样下去怎么办?以后高考一定危险。他喜欢计算机我们不反对,但计算机不可能代替高考吧!"我给他出主意:"报考我们学校吧,我们学校学科成绩虽然

不能与重点高中相比,但计算机教学很有特色,如果有这样的一技之长,对他以后的人生道路会很有帮助的。"于是这个学生就进入了我们学校就读,到了高二,正逢出国留学热,他父亲送他去国外留学,读的是语言预科。到了国外以后,没想到他的计算机特长给了他极大的帮助。在国外,文化成绩要求并不高,大家的差距不是很大,而他的计算机水平却足足高出别人好几个级别。没多久,他的计算机特长就受到同学的羡慕和老外的重视。经过选拔,被批准提前进入正式大学就读。国外教育并不十分讲究文化考试,却特别欣赏个性特长。因此他信心更足了,文化成绩也大幅度提升。回忆起来,我的建议使他受益无穷,所以这次回国非要登门致谢不可。

当然,还有的学生因为有了一技之长,经过坚持不懈的努力,后来成名成家。尽管只是少数,但足以说明,一个人有了一技之长,其一生将会有更加广阔的发展前景。

那么,如何去培养一技之长呢?我认为掌握科学的方法十分重要。

首先是选择,选择什么样的一技之长作为你的主攻方向。现在很多家长喜欢一哄而起,人家学什么,自己的孩子也学什么,学的人多了,也就不稀奇了。上海十万琴童,要买钢琴、请教师指导,代价很高,而实用价值到底有多少,谁都说不清楚。我以为选择"一技之长"要选学生自己有兴趣的,又是经济能力可以承受的,而且最好学习的人不要太多,物以稀为贵嘛。我有个学生喜欢捏泥人,捏的人物造型新颖、栩栩如生,参加过很多传统工艺比赛,拿回了各种奖项,在学校里小有名气,非常受人关注。

其次就是坚持,要将一技之长的学习进行到底。不论是什么技能,乐器、绘画、书法、演唱都一样,有一个漫长的学习积累过程,所谓"台

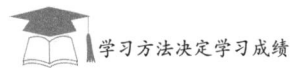

上一分钟，台下十年功"。"拳不离手，曲不离口"，才会越学越精。可以制定一个计划，安排一个时间段学习一技之长，有时候，一刻钟，半个小时也可以，只要坚持天天练，那么天天就会有进步。到了初中、高中，当然还应该训练，否则真是太可惜。学习语、数、外时间长了，唱唱画画也许是调节大脑的最好方法。离开书桌动一动，绝对有利于思维，有利于健康。当然，一技之长的学习绝不可与学科学习争锋，该让时要让。譬如考试前夕，应该暂停，不是时间不够，而是为了稳定情绪。

　　在学校求学，聪明的学生会留意去发展自己的一技之长，它有时比学科学习更有意义。

家长陪读也许会得不偿失
——只"陪"不"读"才是好方法

学生读书,家长比学生还累

学生读书,家长有时比学生还累,这话一点也不夸张。

自己的孩子每天上学,不少父母去接送,现在的交通安全令人担忧。孩子到了学校,上课会否认真听讲,恨不得有个监控探头可以随时看到。每有测验或考试,最关心的莫过于最后的成绩,现在考90分都不算优秀。如果自己的孩子顽皮倔强,老师打个电话来,更会让家长心慌意乱。无穷无尽的担心,那份辛苦唯有当父母的自己知道。

有时家长有些搞不明白,到底是你读书,还是我读书?

近年来,家长又多了一份负担。学校老师要求,家长必须每天督促孩子的回家作业。要检查是否做得正确,有时还要写简单评语,检查完毕后签名,以备老师查收。家长只好陪读,帮助孩子完成作业成了每天的硬指标。

为了完成这项任务,家长必须要具备三个条件,一是全面了解当天的作业范围,二是要熟悉孩子所学的内容,三是能准确判断作业完成的对错。

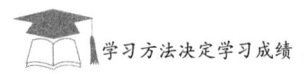
学习方法决定学习成绩

家长更搞不明白,到底我是老师,还是他们是老师。家长承担着学生和老师的双重任务。

网上流传,有位妈妈,陪娃做作业,从一年级陪到五年级,竟然力不从心住进了医院,患上了心梗,做了两个支架,此时顿悟:"想来想去还是命重要,孩子的作业就顺其自然吧。"

有位家长曾向我吐槽,他有点激动。现在的老师好当了,不用批改作业了,只需验收家长的作业就可以了,我们都成了他的助教。那么,老师还有什么事应该做?有一次老师发现我的批改有误,竟然在作业本上狠批四个大字"很不认真",真是看不懂了,是我不认真,还是我儿子不认真,还是他老师很不认真?

我为老师开脱,笑着说,老师要管理四十多个学生,很不容易。你照顾自家的孩子,会更细心周到。就像农夫种地,种自家园子的菜一定会更尽心。

他听了更激动,几乎大声吼叫。他说:"我倒是想种自己的地,可我不一定会种。别说那些作业我不一定能全看懂,就是我都会做,也不可能都让我替儿子做。我儿子做作业,那简直是老牛拖破车,他可以找一万个理由拖延时间。一会儿说要上厕所,一会儿说要喝茶,喝完茶又要上厕所,来回折腾,把时间都浪费了。我是分分钟想揍他,但揍了他更没时间做作业了。我真有随时随地想离开这个世界的冲动,感觉真撑不下去。陪读,我不专业啊!"

责骂、吼叫成了家长陪读最常见的一幕。家长大都非专业出身,妈妈是狮吼,爸爸是打手。骂完了,打完了,又很后悔,弄得百感交集,明天也许是今天的翻版。

父母或是祖辈当老师的,这些专业人士陪自己孩子读书,效果又如何呢？

我的一位同事，语文高级教师，三十五年教龄，绝对的专业人士，他给我讲了辅导他孙子做作业的经历，也以失败而告终。

小孙子是一年级学生，那天正好父母不在家，他自告奋勇担当陪读任务。他是中学语文高级教师，信心满满地辅导小孙子语文，却被断然拒绝，理由是你不懂我们小学的作业。他说怎么不懂，不就这些课本内容？攻防一番，小孙子勉强同意。但提出一个要求，做完作业，要让他看一会儿电视。我同事一口应允，劳逸结合，没有问题。

语文作业是在米字格中写生字。老师规定，要严格按照字贴临摹，绝对不能自由发挥。很快我同事就后悔给了做完作业看电视的承诺。为了能快点看电视，做作业有速度却没质量，他根本来不及指挥，横竖撇捺之快，急就而成。他是急火攻心，但又全身乏力，以前在课堂上给学生讲课，绝没这么累。小孙子写的字，虽不及字帖那么规范，但还算字体端正。他也是教师，懂得了学生要鼓励为主的道理，所以也不再作什么要求。

到了第二天，他家小孙子拿回作业本，打开一看，教师用红笔批了四个字："全部重写"。为什么会重写？小孙子说，老师评价字迹不规范，横竖撇捺都不在位子上。他再仔细看，就全明白了。在米字格中，一竖一横都要在虚线的第二点起笔，而小孙子都写到了顶格，仿佛每个字都是五大三粗的壮汉。

他说，这件事成为他教学生涯的滑铁卢，这使我想起了"易子而教"的古训。古人早说过了自己的孩子要让别人来教。陪读最大的失败，也许就是自己的孩子自己教。

自己的孩子自己教，孩子会很不听话。不管是爷爷奶奶，还是爸爸妈妈，亲情荡漾，孩子知道，你们是他最亲近的人，再吼再骂，甚至责打，还是缺少敬畏感，也形成不了压力。不像老师在课堂上，一个班级，四十多位学生都听他的，那气场足以震慑每一个学生。在学校，没了亲情作底子，学生学习反而会很自觉。家长可以回忆一下，你的批评与老师的批评，孩子的反应是一样的么？老师有时只要一个眼神，就能管住学生。所以有人说："一等教育用眼神，二等教育用吼叫，三等教育用拳头。"

有些老师在家长面前很自豪，我在班级中要管四十多个学生，都像你家孩子一样不听指挥，那还了得！教师在学校教育中有教师的角色权威。其实，他到了家里，变成了家长，教育自己的孩子，也许状况就与你差不多。有位网友在网上自述："我是老师，我也是妈。总感觉没教过比我儿子更蠢的学生，没办法，气急了就揍他一顿。"

如果意识到陪读烦恼的主因是自己的孩子自己教，而陪读又是无法避免的硬任务，那么，返回父母的角色，改变策略应是唯一的选择。

我给你的建议是只"陪"不"读"。

家长的角色是陪伴

学生的学科知识你完全不必去辅导，甚至做得对错也不必去关注，这些"读"你都可顺其自然，这完全由老师负责。老师的教学是专业的，其效果远比家长辅导孩子要好得多。批改的任务也应该是由教师来完成，他可以从学生作业的对错中寻找教学中的不足之处，以修正自己的教学方法。其实，很多家长是自作多情，精心辅导，想把一个完美的作业呈现给老师，搞得自己伤神又劳力，实质上反而误导了教师对学生学习效果的判断。

家长只需好好地陪伴自己的孩子。陪伴孩子养成良好的学习习惯。你可以坐在边上,用赞赏的话语肯定孩子的每一个进步。"这么难的题目也能完成得很好,真棒!""你再想想,有什么更好的方法解这道题?不用紧张。""再努力一把,今天作业就全完成了。"这些话语比"你这么笨啊"之类的狮吼,效果要好得多。

陪伴孩子是给他一个温馨的学习氛围。学生在学校学习,其实是很受拘束的生活,有时还很紧张。回到家里做作业有父母陪伴,有亲情呵护,也是一种必要的情绪调剂。家长可以坐在他身旁,你可以做自己的事情,不必过分地紧盯他的作业,风轻云淡,其效果绝对比你当监工紧逼要好得多。

我给你的第二个建议是陪读还要"陪"出情趣。开什么玩笑,怨气未消的家长一定会认为这是睁眼说瞎话。其实陪孩子读书的情趣很多,只是你也许没感觉到。

在陪读中,责骂孩子"笨死了",这是最常见的吼声。家长怎么会认为自己的孩子"笨"呢?常常是因为这么简单的题目也不会做,或者反复讲了还会错。其实这是很正常的现象,几乎所有的学生学习新知识都有一个慢慢习得的过程,特别聪颖的学生毕竟是少数。我三十多年的教学生涯,这种"笨"学生见多不怪。而家长却要求孩子与自己一样,对新学知识能及时反应,立刻记住,其实是忘记了年龄差。你比孩子长了二三十岁,你读过大学,甚至是硕士、博士,怎么能以同样的水准来要求自己的孩子呢?而且不少家长还有不少工作生活的烦恼,把所有的怨气都发泄到一个"笨"字上,孩子不笨也笨了。

如果你舍得花费时间,你有足够的耐心,想想绝大多数孩子都这

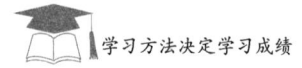

样,你的怨气一定会减缓许多。心平气和了,陪读也和谐了,陪读的情趣就会油然而生。陪读的过程其实很美妙,在你的精心呵护下,孩子从不懂到懂,看着他成长,就有诸多的成就感。你陪孩子长大,孩子陪你变老,这种亲情,只有陪读能有最真实的感受。此时亲情荡漾,也是孩子最能接受你指导的时机。

既然如此,家长陪读,何不改变些方法。学科知识由老师去负责,家长主管学习氛围,不要那么剑拔弩张,岂不两全其美?说不定家长就能从愤怒郁闷中解脱出来,学习效果也反而会更好。

一对一补课还是大课补课？
——选错方式就没有效果

课要不要补，怎么补？

以前学生大都请家教补课，现在更流行去补习学校补课。补习学校补课种类比较多，可供家长和学生选择。近来补习学校一对一补课红火起来。所谓一对一补课就是一位教师对一名学生补习，这类补习教学成本高，所以收费不菲。不少学生相信一分价钱一分货，花了那么高的学费，教学效果一定很不错。有时去一对一补课的培训学校看看，还真是热闹非凡。

当然，补习学校补课的形式主要是上大课，一个班级40多名学生，聘请优秀的教师给学生上课。这个与学校上课差不多，只是学生来自各个学校，补习学校的学生学习基础也参差不齐。与学校上课相比，老师会挑一些学科的热点难点知识重复讲讲，以弥补白天学校上课的不足。

那么一位教师对一名学生补课，还是一位教师对众多学生补课，哪个教学效果更好呢？

按一般人理解，一对一补课应该更有效。就如厨师烧菜，厨师一份一份烧，总比较仔细精致，能烧出美味佳肴。厨师烧一锅后分成几

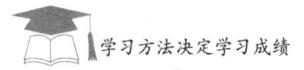
学习方法决定学习成绩

份，那是大锅菜，色香味也许就差远了。所以有人把一对一补课比作开小灶。

事实果真如此吗？也不尽然。

我问过参加一对一补课的学生，他们似乎并没有那么良好的感觉。他们告诉我，一对一补课与上大课没有什么差别，却要付很高的学费，有些不值。因为学费高，所以到了约定的时间，总是要去的，否则浪费了钞票谁舍得。钱又是父母出的，他们知道了你缺课还不把你骂个半死！有时想想也有些傻，平时老师盯着我们补课，还要想尽办法逃走，现在倒好，出了钱拼命往里钻，不就是自投罗网。

依靠高额学费制约学生补课出勤，这是很低效的。就像买票看电影，结果得知电影故事并不精彩，因为不舍电影票的费用，只得进影院，那个看电影的愉悦感就全没有了。

当然，更有学生对一对一补课很反感。他们告诉我，陌生的老师，很拘束，一点也不习惯。他给我补课什么都要从头问起，补什么都不知道的。问我什么地方不懂，我也说不清。没办法，他就一个人滔滔不绝讲个不休，我直想睡觉。但一对一盯着，我又不能睡，打呵欠都不好意思，难受死了。

其实，老师上课讲个不休的在大课上更普遍。学校里老师上课，还比较讲究启发式、导入式，会尽可能设计一些提问与学生互动，这个教学法上都有要求的。而补课老师的时间紧，他们认为你的基本知识都已掌握，所以一般会挑重点难点讲，一讲到底的现象十分普遍。如果想打个小瞌睡，倒是随意，这比一对一补课有相对的自由。

其实补习的各种模式，各有利弊。最关键的是学生自己是否合适，合适的就有学习效果，选错方式就没效果。

如果你在学校学习很优秀,我历来主张不需要再补习。千万不要认为多补补总没错。现在学校课堂教学已非常先进,多媒体广泛运用,老师授课也很讲究方法,教师本身的教学素养大大提升。如果把教学比作每天的餐食,可以说已经十分丰富,现在的孩子不缺营养。而身体不佳的往往是营养过度,或是吸收不良。如果营养充足,再增加补品,实在没有必要,有时会适得其反。在学习上,真正属于营养不良的学生有两种。一是学习态度不认真,上课不认真听讲,下课把书本抛到九霄云外。二是学习成绩不理想,尤其有严重的偏科现象,先天不足。这两类学生参加补习,还是必须的。

那么,决定要补习,又该如何去选择补习模式呢?一对一补习?还是大课补习?怎么补习才能达到最佳效果?

那就要先分析补课模式的特点和学生自身的个性特点,认识了两者才可以去做选择,这个跟补习的学费高低无关。

一般来讲,一对一补课的模式优势在于范围小,距离近,互动方便,针对性也更强。很多补习学校的广告语就是"个性化设计"。老师与学生面对面,而且一对一,提问解答都能够非常专一。学生有什么不懂的地方,可以直接提问,老师也可以立刻解答。如果一时理解不了,老师也有时间慢慢引导,直到弄懂为止。这些大课补习都是无法做到的。大课补习在一个班级中上课,学生与教师有很远的距离,教师很难照顾到每一位学生。教师讲课内容一般也是针对全体学生,你已经懂了他可能还要讲,而你不懂的他可能没有讲,这样的学习效率就比较低。

针对这些差异,在选择补课前你应该先审视一下自己的个性特点。如果你的个性特点与之不相匹配,那么失败的可能性就很大。譬如你的个性特点比较内敛,不善于与老师交流,在学习中也根本提不出问题，见了老师会产生天然的畏惧。那么一对一补课的针对性优势就无法发挥，也许补习的效果是离老师越远越好。如果你的运气足够好，遇到的老师有很强的亲和力，那么也许可以慢慢地逐步契合。如果你的运气很差，遇到了一个严肃冷峻的老师，那么补习的效果肯定是很差。

补习功课，师生双方配合，才会有奇迹发生。反之，那是徒劳无益。

有位退休老师跟我说起过他给学生补习的一段经历。他是一位重点中学的数学老师，上课水平有口皆碑。他自称从不去补习学校兼课，也不在家收费补课。只是退休了，有时盛情难却，也为了找点事做，偶尔给个别学生补习补习，但从不收费，权当是一种乐趣。

有位老领导的孙子闻名而来请他补习，老领导的面子总要给的，所以一口答应了。每周单独补一次，而且分文不取。那学生面临高考，平时时间也比较紧，所以每次来补习前，老先生都作了充分准备，以期最佳补习效果。

补习了两个月，老先生发现这位学生特别拘谨。每次来补课，穿戴都很整齐，坐下来补习，几乎不抬头看老师。两个月下来老先生没听到他说过什么，甚至连点头摇头都没有。师生之间没有交流，老师也不知道他到底在想什么，但高考在即，就怕影响他的成绩。老先生跟我说，这个学生胆子也太小了。现在真是左右为难，去婉言拒绝，又有碍老领导的面子，继续补习下去吧，又感到束手无策。

有几次学生没来，家长告诉他是生病了。事后又有人传话给他，这学生根本没病，只是极度害怕到他这儿补课，给他面子，才故意找的托辞。老先生这回真的动了肝火。他说，我当了三十多年老师，从来没人说我很凶，他害怕什么？我辛辛苦苦备课，不收分文，完全是义务。现在倒好，学生炒了我这个老师的鱿鱼，世上哪有这个道理！

其实肯定不是这位老先生很凶，老先生很和蔼可亲，我很熟悉。问题出在老先生的补习方式与学生的学习个性不相匹配。这种模式也应属于一对一补课，但这位学生不适应，所以使得师生双方都难堪。

什么情况适合一对一补课？

那么，怎么样的学生才适合一对一补课呢？我认为首先学生应具备两类特性。

一是学生有很强的求知欲。这类学生常常表现为对所学知识很想搞个一清二楚，不仅知其然，还想知其所以然。茫茫宇宙无边无际，有些学生牢牢记住，知识已学到了。有的学生会想不通，什么物件都有边际，为什么宇宙没有边际？后一类学生就特别适合一对一补习。因为有时间也有条件，让学生打破砂锅问到底。诸多的存疑能够得到直接的解答，一定是久旱逢甘霖。

二是学生有一定的思辨能力。这部分学生会对所学知识产生质疑，具有较强的分析能力。一道数学题，一个正确的解题方式，大部分学生已满足。但有的学生却认为另一种解题方式更有效，甚至还可以提出第三种解题方式，他们不满足已有的学科知识。这样很容易激发师生互动，一问一答，学习效率特别高。

学生具备了一对一补课的基本条件，还要有适合一对一补课的教师与之对应。这类补课教师要具有较强的教学能力，尤其是知识要广博，反应要敏捷。学生一个疑惑提出来，能马上即时解答清楚，如果答非所问，那就要误人子弟了。

有一次，我受邀到一所补习学校给新老师讲课，作为新教师的培训。我讲的是教学方法，我讲怎么写教案，他们问我，有了PPT，还为什么要写教案。我真无言以对，PPT能代替教案么？我说你们这些当教师的连教学ABC都不懂，还怎么去上课？！他们开心地告诉我，我们不上课，去一对一给学生补习。那是有点要命，如此这般，多半是要坑害学生的。因为基本概念都搞不明白，要当老师，还有很大的距离。

大课补习也有其优势，一般而言，补习学费比较亲民。学生比较多，教师只有一位，教学成本不高。当然对一部分学生来讲，学费高低并不是他们要考虑的。

大课补习的特点是学科内容比较成体系，每个知识点都会涉及，循序渐进，由浅入深，与学校上课接近。好的教师补习，能够抓住难点、突出重点、引导应试，对学生会有很大帮助。我曾听过一堂优秀的高复课，这是一位资深的补习教师上的。他懂得学生的应试要求，对学生具有很强的吸引力。这是一堂语文课，他没有按一般上课的套路进行，而是先从去年高考语文卷试题讲起，分析了解题的思路，交待了正确的答案。最有价值的是，将平时在学校上课中老师所讲的知识串起来，教学生如何运用到解题上。这样就快速提升了学生的应试能力。因为平时学校老师上课，慢条斯理地分析课文，很多学生还不懂运用自己所学知识去解题。经这堂课一点拨，就有恍然大悟之感。

平时学科基础知识比较差的学生、偏科的学生，上大课还是很有作用的。他至少可以再听一遍，以弥补白天课堂学习的不足。如果你偏课，有一门学科特别差，会影响考试总分。那么去上大课，一定在短时间内会得到很大进步。学科知识有一个由浅入深的过程，先将"浅"的学到手，较容易，花费精力并不多，而在考试总分中，其分数的价值与"深"的分数价值，是等值的。

究竟要不要参加考证和竞赛？
——不应仅着眼于给升学加分

学生课余考证忙

为了参加社会上举办的各类考证竞赛，看到学生们放学后被拖着去上业余学校，我不免有些心痛。

豆芽般的弱小身材，肩上要背一个很重的书包。匆匆赶路，即使路过马路边好吃好玩的商店，也只是匆匆一瞥，欲停又行。我看到过一个母亲，送孩子去业余学校，不当心摔了一跤，手臂上鲜血直流，但她根本顾不上自己的伤口，直推开孩子，一边不停催促，别管我，别管我，快去上课，马上要迟到了。

我们小时候的课余生活真的很精彩。放学了，老师将几位家住附近的学生组成一个学习小组，选个小组长，大家都听他的。下课后，就聚集在小组长的家里，围着一张小桌子，找个小板凳坐下。拿出书包里老师当天布置的作业，安安心心做起来。调皮的学生不时说几句怪话，引得大家笑声欢语，几乎感觉不到学习的重压。有的家里条件好，父母会拿些小点心热情招待大家，那就是天大的口福，从不像现在的父母坐在边上虎视眈眈。当时老师布置的作业也不是很多，完成作业并不辛苦。接下来的自由活动,那才是真正的幸福时刻。女同学跳橡皮筋、踢键子,男同学打弹弓、斗鸡,玩得不亦乐乎,不玩到满头大汗不会回家。后来文化人把这些回忆归纳为弄堂游戏。就是读了中学,打牌、下棋之类的娱乐仍然是我们做学生的最爱。只要一有机会,在学校里都可杀得昏天黑地,那时的父母和老师也不很责怪。

时光变迁,现在的学生肯定没有我们当年轻松。为了一个好的学习成绩,为了能进一所好的学校,业余时间全部投入到紧张的学习中去。大家都坚信,少壮不努力,老大徒伤悲,将来的成功就是靠现在的比拼。

但我有时想,我们当年学业负担不重,也没那么多比拼,结果似乎也不坏。我小学的同学、中学的同学,后来发展成大学教授、政府官员,甚至成功的企业家也不少,并没有大大落后于现在辛苦的学生。在二十年前,我曾在上海的重点中学当老师,许多老校友返校回来。很多人学有所成,回忆当年的学校生活,最令人难忘的是丰富快乐的校园活动。他们都说那时没什么考证,也没那么多学科竞赛,学业发展不也好好的?

而现在,考证、竞赛成了学生学习生活不可或缺的一部分,哪位学生如果只坚守学校的学习,几乎成了异类,连自己都不自在。

具体来说,考证和竞赛有所不同。考证一般只有等级,通过一级颁发一张证书,一个台阶接着一个台阶可以一直考上去。竞赛是大规模统考,按成绩选拔等级奖,还会冠以某某杯赛。从内容上分,又可分为学科类和非学科类。学科类的如写作、英语、奥数等,非学科类的如钢琴考级、围棋考级等。当然最热门的还是学科类考证和竞赛,因为与升学关系最密切。

家长都认定，有张证书或竞赛得奖是进入优质学校的重要依据，如果没有奖，有张证书也是好的。什么都没有，那就是输在了起跑线上。面对如此汹汹的考证竞赛大潮，谁能够如此坦然处之。

突然，教育部门叫停了所有的学科竞赛。家长们仿佛一下子失重了，完全没有了方向。

从教育规律而言，下达这道停办不规范的各科竞赛的禁令，还是十分有道理的。考证竞赛已经严重变异，原本是为了给学有所长的学生提供一个发展的机会，现在成了敲开心仪学校大门的敲门砖。对绝大多数学生来说，并不适合考证，也不适合竞赛。他们只是被动地参与，精力和体力都难以承受，有的甚至是损害身心健康。就如箭在弦上，一个劲地拉，拉到极限，一定会弦断箭折。

从小学一年级开始，有位家长带孩子转战了整整四年，考了不少证书，也参加过几次杯赛，虽然没有荣获过一等奖，但也自感收获不少。知道了教育部门停办各类学科竞赛的禁令，很焦虑地对我说，这样一来，是减负了。扔掉了这些考证，我小孩可以有个完整的双休日，我们也可以松口气。但是，考证的这口气松了，入学的这口气却又抽紧了。原来奥数杯赛停了，我们可以不考，现在什么都停了，我们什么证书都没有的话，学校凭什么择优录取呢？真正没方向了。

考证、竞赛，兴趣是关键

归根到底，参加考证也好，参与学科竞赛也好，绝大多数学生是争取拿到一块敲门砖，为升学加分。

那么对这些学生而言，这类考证竞赛往往是一种负担，而且这种

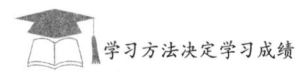
学习方法决定学习成绩

负担很沉重。一方面其所学内容具有很强的竞争性，那就得花费很大的努力；另一方面，有些学科并不是学生所爱，或者兴趣不高，而没有兴趣的学习会感到很艰辛。

有位曾长期执教托福课程的老师告诉我，英语培训，首先是培养学习英语的兴趣。她说，"如果为考试学习，效果肯定很差。尤其是拼命都想托福考试过关的学生，往往就是过不了关。我上英语托福班，很多学生就是为了出国求学需要，功利性很强，但学习兴趣不浓。一到上课，常有不少学生睡意蒙眬。每到这时，我就想方设法讲一二个笑话，来调节气氛，把学生从睡意中唤醒。因为这个我还曾评到了优秀教师奖。培训集团干脆请人为每个学习段落设计笑话，编了一本笑话集，分发给教师，让他们作为上课时的催醒剂。讲一段课，抛一个笑话，效果也许有一些，但是不是很悲哀？我也去过老年大学兼课，上旅游英语。那些老头老太为了出国旅游方便，学习兴趣十足，课堂氛围完全不一样。记住一句英语，兴奋得手舞足蹈。会说几句洋泾滨英语，就敢到处开口说。那状态就是十七八岁的少男少女。"

所以，学生的兴趣如果在某一个学科竞赛上，那是应该鼓励学生参加的。如果学生又有较强的实力，学校和家长都要创造条件，帮助他们实现这个愿望。各类学科竞赛有着非常积极的意义。否则教育部门为什么还在积极开展各类规范的竞赛呢？国际奥数竞赛，中国还是积极的参与者和获奖者。

学科竞赛是一个选拔人才的大舞台，通过选拔可以让社会认识你，也使你认识自己。日常教育就像一条生产流水线，同样的课堂、同样的课程、同样的老师，生产的也是同样的"产品"。竞赛来了，对有兴趣、有实力的学生来讲，就是一个亮相的极佳机会。

有位中学生,参加全省的英语朗读大赛,获得了一等奖。当她拿到大奖时热泪盈眶。主持人要她发表获奖感言。台下众人期待她讲讲如何一路走来,等待她讲讲自己的奋斗历程。结果她愣了半天,最后竟断断续续地说:"谁能相信呢,谁能相信呢,一等奖!"她又补充说,当年自己的舌头开过刀,吐字不清,还常常受到同学的嘲笑。

不管是否相信,她获得了全省英语朗读一等奖。让社会认识了她,更重要的是她自己认识了自己。有时学生自己认识自己的能力并不很强。

学科竞赛可以磨炼人的意志。现在的学生很多都是暖房中的花朵,很少经受风吹雨打。学校家庭两点一线,很少知道什么叫奋斗,什么叫拼搏,好像他们怎么也长不大。而竞赛就是一场野外军训,经风雨,见世面,在吹吹打打中,学生会提升心理素质,迅速成长起来。

我认识一位青年学生,平时迷恋电子游戏,没少挨父母亲的责骂。不久又对电子竞技产生了浓厚的兴趣。这回他理直气壮起来,国际奥委会已确认电子竞技为正式体育项目。而且,参加竞技获奖,不仅是荣誉,还有高额的奖金,获得世界冠军,常常是超过百万。

他花了一万元培训费参加培训,自信爆棚,结果参加比试,初赛就失利。又花了一万多元再培训,初赛仍不过关。我问他再去么?他说,不去。打职业比赛的概率比考上清华北大还低,我实力真不够。知难而退也是一种智慧,对吧。我懂得了这个道理,对我今后高考的选择你说是不是很有帮助?

我真是太谅讶了,惊讶的是短短半年时间,一个玩游戏的男孩,竟然从失败中成长起来了。

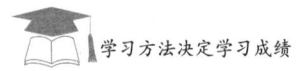
学习方法决定学习成绩

什么情况适合参加竞赛?

我一直这样认为,只要不是完全着眼于升学目标,学科考证、学科竞赛、非学科类竞赛,都是学生很好的发展舞台。如果你选择不定,我可以给你几个建议。

第一,看看自己是否具备竞赛的基本实力。这个实力应包括对学科的兴趣,自身的学习能力,甚至是天赋。判断也很简单,就是你评价自己这门学科的成绩。在班级中的位置是前三名,还是后三名?如果平时学习也很困难,甚至是勉强及格,你怎么有实力去参加竞赛?有人说,碰碰运气呢?我阅学生无数,从未见到过这种奇迹。而且学生在这样的成绩低段中,学习兴趣也一定谈不上。如果你的成绩在班级中名列前茅,且学习热情高涨,那倒是可以一试。学习能力、学习兴趣永远是决定学生在这门学科中学习成败的关键。

第二,看看自己是否具备竞赛的心理素质。简单来说,就是你的抗挫能力如何?有的学生越挫越勇,永不言败。这种学生很适合参加竞赛,即使竞赛失败,也不会带来负面作用。就像我认识的那位电子竞技的青年学生,失败了,也悟出了"知难而退"的感受,这本身就是一种极大的收获,虽败犹胜。而有的学生心理本身很脆弱,稍遇挫折,就一蹶不振。竞赛失败,就会带来严重的负面情绪。而且,考证竞赛有时赛的就是心理素质。如果心理素质不佳,即使你有再强的竞赛实力也没用。失败了,可能不只是输了一场比赛,而是失去了对这门学科的信心。我有一个学生,高考落榜,复读再考,考了三次,成绩一次比一次低,怎么复习都没用。他对我说,每次进考场,我都感到大难临头,我是只有考试的命,没有考试的运。

相比起来，我们在学生时代没有学习的重负，但也没有学习的快乐。现在的学生学习负担很重，但只要有方法，会选择，可以获得我们过去所没有的学习激情，因为有竞赛，竞赛如果胜利就会给你带来无穷的快乐!

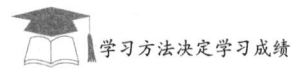

都是粗心大意惹的祸
——懂得方法可以慢慢克服

粗心大意后果严重

不论是成人，还是学生，都会有粗心大意的时候。如果粗心大意出现在生活中，出现在工作中，会给我们带来不少麻烦。如果粗心大意出现在学生的学习中，出现在考试中，那么成绩往往上不去，而且自己会感到很沮丧。

你在学习中粗心大意，考试成绩不理想，这是可想而知的。考试时，这里被扣分，那里也被扣分，加出的总分不会很高。你可能在感到沮丧之余，还会感到很冤枉。你会认为，这些题目我都会做，这些知识我也掌握了，只是答题时，犯了不该犯的错误。有时草稿上的答案是对的，抄到卷子上错了。有时答题步骤都对的，计算错了。有时一句古诗词默写，写错了一个字。有时题目的标题没有看清，答非所问了。总之很可惜，甚至老师也认为可惜。

粗心大意的毛病如果一直纠正不了，还真会惹出大祸。有时就是这么关键的几分，由于粗心大意被扣了分，考试就不及格。在中考或高考中，也可能因为这几分，降低了一个档次，甚至落榜。

我曾听到过一个学生考试粗心大意的故事,这"祸"竟使她永远无法弥补。

她是一个读初三的女孩,做事很爽快,待人也热情。就是丢三落四的生活习惯没被她父母少数落过。都说女孩子心细,做事认真,可她就是很粗心,不像爸也不像妈。有一次在学校与同学打乒乓,那是寒冷的冬天,打乒乓时脱下棉袄,放在了教室里。乒乓打完后,一个人穿着衬衫就回家了,把棉袄竟忘在了学校。父亲见她回家,责问她棉袄呢?她才意识到今天怎么会这么冷!父亲说,你怎么没把自己忘了扔在教室呢?

去参加中考,父母送她去,一路上还反反复复叮咛她要心细,考完后一定要检查。她还嫌父母太啰嗦,没到考场,就扔下父母飞奔而去。等考试结束,一出考场,她就感觉情况不对。同学们都在议论今年语文考试题量太大,答题时间来不及,而她却没这感觉。再一想,今年考试怎么没有作文?她急忙去问同学。同学告诉她,作文怎么没有?作文题是《我们的名字叫＿＿＿＿》。她此时一身冷汗。她也看到过这个题目,因为在试卷末尾,所以认为是让考生最后签名,她就在空格上填写了自己的名字。同学很惊讶,又问她作文题中不明明写着"我们"吗?她说,我根本就没有看到这个"们"字。

参加中考,语文试题的作文竟然忘了做,这个粗心大意可谓到极致。这个祸肯定殃及她的高中录取,甚至还会影响到她三年后的高考。

学习中粗心大意的毛病容易发生在粗心大意的学生身上,这是毫无疑问的,但凡具有这种性格的学生,审题粗心,答题快速,一目十行,急就而成。时间给你抢到了,但答题的准确性却弄丢了,这个争来的时间又有什么用?这就好比一路奔跑,方向错了,越跑离目标越远。而考试答题,讲究的是在准确率基础上的速度。

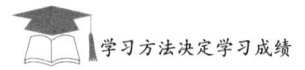
学习方法决定学习成绩

那么细心的学生就不会犯粗心大意的毛病了?也不尽然。导致心细的学生犯粗心大意的错误原因有二。

一是但凡考试,试题中常常会埋下一些难点,让你摸不透。有的甚至是故意让你上当。你如果不仔细分析,稍不留意,就容易误入"圈套"。

有所民办小学招生,出了道试题很有意思。"一支队伍,在你前面有4人,在你后面有7人,问:这支队伍共有几人?"标准答案是12人。对于能够仔细审题的学生而言,并不难。但对于不善思考的学生而言,很容易忽略了"你"的存在,忽略了"这种队伍共有几人"中的"共",一不留意,会错答成11人。

这种情况,在中考语文试题中也常会出现,尤其在作文题中,很可能藏有玄机。你一大意,就可能全军覆没。有一年中考,作文题是"我的同桌"。"同桌"是什么概念?那一定是在教室里与"我"坐同一张课桌的同学。围绕这个人物写,应该是对的。但不少学生容易上圈套,把"同桌"写成了"同学",或写成了"同伴",这显然都是审题严重失误。

二是学生的学科基础不扎实,搞不清基本概念,做题出错。严格来讲,这不是粗心大意。但不少家长和学生都往粗心大意这个筐里装,以此来平衡心理,自我安慰,我学业成绩并不差,错在粗心大意!

有位朋友来找我,为他儿子寻求克服粗心大意之道。他儿子那年要中考,但考试成绩一直不稳,忽上忽下,心里实在不踏实。我朋友一直认为,儿子成绩变化大,毛病出在粗心大意。他细心考试,成绩就上去,他粗心考,成绩一定走下坡。他对我说,我儿子从小学到初中都是这样,考试粗心大意,连老师都认为很可惜。他人并不笨,参加市里航模制作比赛还得大奖。我问朋友,那他做错题之后,有没有及时订正。他马上恨恨地说,我就是说他粗心呀。老师让他重做,还是错!同样的题目会错两次,你说是不是够粗心大意的?我肯定地告诉他,你儿子不是粗心大意,根子还在学习基础不扎实!

我朋友的简单介绍实质上已经透露出两个重要信息。一是他儿子参加航模制作竞赛,从个性上来讲,应该有足够的细心。二是做题目屡做屡错,就是学科基础不扎实的问题。粗心大意的毛病是会做而做错,我朋友的儿子是不会做而做错,并不是一回事。表面现象似乎是粗心大意,而纠正的方法却是要提高学科基础。

克服粗心大意的妙招

不论是个人性格产生的粗心大意,还是学科基础薄弱导致的粗心大意,都会产生学习成绩上不去的不良后果。那么我们选择正确的方法来医治,也许就会有妙手回春之效。

其一,设置一个心定的学习环境。我这不仅仅是指一个安静的教室,或是一个窗明几净的独立书房。我指的是心能够定下来的学习状态。心思不定,行色匆匆,做题考试一定会错误百出。

我见过很多这样的学生,讲话快,做事也快,答题当然也快。做什么都心急火燎,似乎有什么事在不断地催促他。有时我在课堂上,一个提问下去,有人会把手举得高高的,半个屁股离开座位,不等老师同意,就脱口而出。结果回答是错误的,引得同学一阵哄笑。

我也见过有的学生做作业,老是在东张西望。面对桌上的各种书籍,东看西看,不知在寻找什么。有时还满头大汗,似乎刚参加一场篮球比赛,莫名其妙地热气腾腾。

如此的学生,犯粗心大意的毛病就在所难免。所以我一直提倡,学习就应心静如水。要学会有意识地去排除心中的杂念,一门心思答题。这个通过努力，完全可以做到。我见过一位教初一的数学老师，他上课有个习惯，当第一遍上课铃响了之后，他并不急于讲课，而是先让学生静默一分钟，要等到课堂上没有一丝声音，他才开讲，取名曰"静堂"。我也见过有些语文老师，上课前先让学生背古诗词，背完后才正式讲课，他们称之为"热身"。这些方法，其实都是通过静心，让学生进入学习状态。那么我想，学生做作业或考试，自己是否也可以先让自己安静一分钟，以此来进入最佳的学习状态。

其二，养成一套慢半拍的答题习惯。一个良好的学习习惯很重要，一个答题的习惯更重要。学习成绩需要通过考试答题来显现，而学生答题习惯常常会诱发粗心大意的毛病。譬如拿到题目就动笔解答，答题结束也不会再看一遍，即使再看一遍也看不出错误之处。

我讲的慢半拍是指在答题时，不要急急匆匆赶时间，不要怕慢半拍会影响你的考试。拿到试卷一定是先看一遍，有一个整体的了解后再动笔答题，养成先看后答的习惯。面对试题，也是先看后答，一边看一边思考，切忌脚踩西瓜皮，滑到哪里是哪里。我指导学生作文考试，也一直是建议打三分之一草稿，让写作文有一个短暂的思考时间，尽量避免匆匆下笔造成失误。

慢半拍的习惯还可以通过改变某种方式来实现，譬如逆向检查答案。一般答题，我们都习惯从第一题开始，顺着序号答下去。但你在做完试卷后，也可以从最后一题往上检查答案。一道数学题答完，也可以从最后一个步骤往上检查。打破了常规，容易克服思维定式产生的弊端。它的主要功效是引起注意，多一个心眼，减缓了答题的匆忙。答题中的思维定式极容易产生粗心大意的毛病，凭自己的过去经验，看到题目似曾相识，一个答案上去，往往会出错。

遇见难题，也需要慢半拍，不要急着答题。有的学生会很不耐烦，反正也不会做了,管他对与错,写一个上去再说。其实你等等,可以先做其他容易的试题,心定之后,再回过头来看看,也许一下子就柳暗花明了。要注意的是,在这道未答题旁做好标记,打个问号,画一个横线都可以,否则很容易又粗心大意漏掉了。

其三,夯实学科的基础知识。每门学科最基础的知识,就如万丈高楼下的地基,基础不牢,地动山摇。看似都是一些不起眼的小儿科,你也曾为这些低级错误而叫屈,但我认为老师扣你的分,是完全应该。连这些基础的内容都没掌握好,不正说明你学业水平不够格么!

理科类中的一些定理、公式一定要牢牢记住,应与自己的大脑融为一体,根本不需要思考就能快速反应出来。譬如你做计算题,运用乘法口诀,还需要思考吗?在文科类的一些基本常识也需要烂熟于心,闭起眼睛都能历历在目。譬如学地理,一张中国地图,应牢牢印在自己头脑中,能准确定位各个省市,那么做什么样的试题,都不会犯粗心大意的低级错误。

有一次,我见到一位学生在苦读中国历史课本,他准备参加高考,选择的是文科,历史是他的选考项目。历史学科有大量记忆内容,花费了他不少精力。但他认为还不够,做了许多习题,连考试概率高的习题也背了下来。他告诉我,考试越来越难,常常会将政治、经济结合在一起让你分析,一不留意就可能出错。我笑了笑问他,你背了不少,能不能把中国历史纪元表按顺序背出来我听听,就从商周开始。他竟然呆住了,迟疑地说,这个也要背?我告诉他,这永远是学历史的最基础知识,你读了半天,还要去参加高考,中国几千年历史的脉络也没弄清楚,答题一定是空中楼阁,也许一个小小的混淆,就把整道题的考分全弄没了。

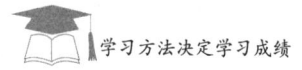
学习方法决定学习成绩

感觉现在的考试越来越难？
——判断自己的学力很重要

考题真的越来越难了吗？

有一次，我给学生上语文写作课，分析高考作文试题，引发了一个不同寻常的话题。

2016年上海高考作文题是"评价他人的生活"。我将题目打在屏幕上，课堂下学生一阵唏嘘。"这个作文怎么写？""写什么好？""他人的生活"是指什么？"生活"好像是个人隐私，我们怎么知道？茫然中充满质疑。

我侃侃而谈，这是一道很典型的社会现象类作文，是对别人生活的评价，可以肯定，也可以否定。注意，不是自己的生活，最好也别写爸爸妈妈的生活，关键在"评价"，不能过多描述，是在描述基础上的议论。议论质量的高低，决定这考题的得分成绩。

课堂下，学生继续议论纷纷，大致的意见是题目为啥要出得这么难？如此为难我们学生，有必要吗？

我继续讲课，2017年上海高考作文题是"预测"。有具体要求，"生活充满变数，有人乐于接受对生活的预测，有人则不以为然。请写一篇文章,谈谈你的思考。"

我还未就作文题展开分析,课堂下一位女同学,突然问我,有些挑衅:"老师,你当年高考作文题目是什么?"

我参加过1977年的高考,那是"文革"结束后的第一次高考,作文题目并不难。记得上海高考作文题是"在抓纲治国的日子里——记先进人物二三事"。我记忆深刻,但似乎有些不好意思讲出口。题目直白得几乎不需要特别思考,就是写件好人好事,甚至比现在的中考还要容易。记得当年我引以为自豪的是,我竟然意识到题目中的"二三事"的写作要求,重点写一件,突出主题,略写一二件,呼应题目。据说,后来评分,就写一件事的作文,都算审题失误。

尽管有些不好意思,我还是将当年的作文试题告诉了学生。听我一说,课堂下更是一片哗然。学生们感到这题目也能算高考?继而就愤愤不平,从语文考试讲到数学、英语、物理等考试,一致的意见是,为什么现在的考试越来越难,怪不得现在的学生学业负担越来越重。

大家都感觉到考试真的越来越难,不是我的学生有此感受,凡是学生,从幼儿园开始,只要一涉及选拔入学,面对的题目感觉都是越来越难。

有位硕士毕业的年轻爸爸,送孩子去民办小学参加招生面试,见了面试题目无限感慨。他说,还只是幼儿园大班的孩子,要回答如此拐弯抹角的题目,这不是故意刁难么?"一只狮子等于六只动物,一只动物等于三只狗狗,一只狮子等于几只狗狗?"把"动物"改成"猪"或"马",不就清清楚楚啦,为什么要这么难?

面对考题越来越难的全社会同感,大家沉浸在一片惶恐中,我们的学习会很被动。

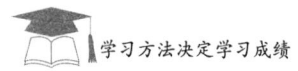
学习方法决定学习成绩

考题难，但并没有越来越难

在主动直面这一现象之前，我想先作两方面的分析。一是考题为什么要这么难？二是考题真的越来越难吗？

考题很难，这是必须的。考试具有多种功能，譬如检查教学效果，看看学生掌握知识的情况。再譬如了解教师的教学情况，学生考题答不出，说明教师还要改进教学方法。还有就是将考试成绩向家长反馈，让家长了解孩子的学习状况。记录学生的每一次考试成绩，反映学生的成长过程，等等，都是考试的重要功能。但考试最主要的功能是两项，第一项我们称之为"通过性考试"，其标准就是学生平时说的"及格"，考试一及格，就意味着这门学科通过，也意味着学生掌握了这门学科的基本知识。我们平时的期中考试、期末考试都属于这一类。第二项我们称之为"选拔性考试"，要以分数来标识你的成绩，通过分数显示学生成绩的差别，往往作为入学的重要依据，学生所参加的中考、高考都属于这一类。

所以，通过性考试是一学期或一学年学习效果的总结，考题肯定很难。选拔性考试是学生之间的水平比拼，考题肯定更难。如果考试很容易，如何证明你已掌握了学科知识，凭什么你进入这所学校，他进入那所学校。尤其是中考、高考往往是一分之下，千人之下。负责中考、高考的教育部门有时会说一句话，考分拉不开，学校就没办法选拔学生，这不公平。

接下来我们再分析，考题真的越来越难吗？我曾看到过一份民国时期的高考题，很有意思。

上海交通大学的国文入学试题。"孟子论性善，杨子论性恶，荀子论性无善恶,韩非子论性有上中下三品,各有所见,究以何说为是,试评论之"。

上海交通大学的英语入学试题。要求用英语翻译《桃花源记》。

看了这样的题目是否有些头晕?但并未听到当时的学生说考试越来越难。你有兴趣可以去看看当时学生的回忆,他们很坦然。而且坚持认为,学理科的学生也应具有这样的人文功底。

当时这些学生莫非个个都是考试高手?这无从考证,但肯定是学生中的精英。因为当时能读大学的人本身就是人群中的少数,能去考交通大学的更是少数中的少数,都具有很强的学习能力,他们能应对这样的考题。

而现在则不同了,过去的精英教育变成了大众教育,考大学已成千军万马之势。现在高中阶段的录取率已达百分之百。大学录取率在一线城市也已达百分之九十。再加上民办高校,高专高职招生,录取高校的比例会更高。2017年全国本科大学生人数已达2695.8万人。

一方面是大家都去考大学,人数众多,另一方面中考、高考具有选拔性,有一定难度。那些学习能力处于金字塔下部的人与过去相比也异常庞大,他们齐声呐喊,考试越来越难,因为他们与金字塔尖端的人考的是同一张考卷。

我与我的同事们曾对上海的历年中、高考试卷进行过分析,发现考题的难度没有明显的加大。现在教育主管部门十分重视学生的减负,对各类考试的难易度都有明确的规定。甚至社会上流传一种说法,今年高考某一门试卷难了点,明年就会降低难度,形成大年小年的奇特规律。我不知道是否正确,但也足见教育主管部门对考试难易度的谨慎把控。

考试的减负我们当教师的都有体会。譬如说语文，过去很讲究语法学习，考试也是重要内容之一，现在很淡化，在中考、高考中也几乎没出现过这类考题。而我当年参加高考，那个主语、谓语、宾语的知识点就弄得我们头昏脑胀，有四道大题都是考这个内容。现在的考生羡慕我们当年作文试题太容易，却不知我们也有我们的难处，只是不在作文处。

所以，我的基本看法是，考试并没有越来越难，而是叫"难"的人多了，感觉上似乎越来越难了。

感觉考题难，其实是学力弱

感觉上认为考试越来越难的学生，绝大部分是学力比较弱的学生。这个理性判断有时很痛苦，如果能意识到这个事实，是需要眼光与勇气的，而最大的益处是能找到克服为难心态的好方法。我们讲的学力指的是学生的学习能力，是智商、情商等诸多因素相加的一种综合学习能力。判断很容易，就是你很努力了，如果学习成绩很好，说明你学力强；如果学习成绩很差，说明你学力弱。学生自己参加考试，屡试屡败，也会自叹，我不是读书的料。这个"料"就是体现学力。

人与人在学习上肯定有差异，这并不因为大众教育了，人人都成了读书的料。过去有位老教育家，曾对一个孩子是否能读好书提出过三条金标准：一是记忆力，二是持久力，三是迁移力。我认为说得极好。记忆力是学习的基础，没有许多知识积累于大脑中，你怎么向知识王国纵深发展？就如没有一片瓦一块砖，怎么去建造万丈高楼？持久力是学习的动力，学习要有一股动力让你专注。屁股要坐得住，不能心猿意

马。迁移力是指学习的发展,要有举一反三的能力。学会一套公式之后,换了一个环境,照样可以熟练使用。如果学了不会用,固守一处,那是书呆子。三条金标准,自成一体,缺一条,你的学力也许就不高。

学习弱,并不意味着学习完全失败,人生从此黑暗。你只要有好的方法,就能突出重围,焕然一新。

方法之一,就是"难"的放弃,"易"的抓牢。我们教师有时会判断一个学生,他再怎么努力,这个内容根本学不会。虽然很无情,但有时却是事实。明知山有虎,偏向虎山行,极可能被虎吞噬。对于永远学不会的学科内容,最明智的方法就是放弃。我见过一位判断力极强的数学教师,他指导学生复习迎考,常会对一些学生说,某某同学,考试最后两道难题,你放弃,把前面所有的考分给我抓牢!很果断。他的这种意图就是让学生腾出大量的时间,去完成容易的答题,不作无谓的浪费。如果学生老是纠缠着最后两道难题,又攻克不了,也许就会赔了夫人又折兵,两头都损失。

方法之二,就是"高"的不考,"低"的确保,也就是降低目标。现在有不少学生眼高手低,学力不高,而目标太高。你随便问问学生或家长,他们心中锁定的报考学校,与学生的学力现状相比,往往高出一至二个档次。老师有时也不太好说,就怕伤了学生的自尊,失了家长的面子。但你如果自知自己的学力不高,那么定位就要尽可能靠近实际,量力而行,退后一步,天地广阔,人生何处不春风。但你如果不达目标誓不休,给自己过大的压力,学习很可能会全线崩溃。不考清华、北大,就考复旦、交大;不考本科,就考高专高职;不考热门专业,就考应用型专业,这就是明智的选择。看似有些知难而退,实际上是根据自己的学力理性选择,之后也会发展成才,这样的学生,我见过很多。以我的

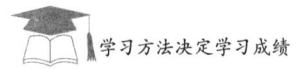
学习方法决定学习成绩

教学经历，曾发明了一句"名言"，叫作"学习成绩与将来发展没有必然联系"。据说鼓励了不少学力不高的学生。

我认识一位学生，他当年没有考普通高中，初中毕业直接考进了一所职业学校。初中时，学习成绩一直在下游，读书读得很吃力。毕业前，班主任在评语中，仅仅给了一句中肯的评价："该生动手能力强。"他选择了职业学校的玉雕制作专业，在当时并不是一个热门技术，而且要耐得住寂寞。他一干就是二十年，他相信自己"动手能力强"。从学徒开始，埋头于精工细雕，功夫不负苦心人。十年之后，他的作品在全国大赛中获得一等奖。之后荣誉接踵而至，玉雕大师、杰出美术工艺大师、非物质文化遗产传承人，使他一路高歌猛进。玉雕市场火了之后，他上了电视节目，给观众介绍玉雕，知名度如日中天。有所大学办玉雕鉴赏专业，聘请他去讲课。他面对大学生，非常激动，他说，我是一个没有读过大学的工匠，今天能站在这大学的讲台上，是我当年正确选择求学之路的回报，要谢谢我的选择。

学习成绩真的男生不如女生吗？
——提升心智成熟度是关键

学校里普遍女生比例高

常听说现在的男生学习成绩不如女生好。在班级里，老师比较喜欢女生。为什么呢？因为女生学习成绩好。

如果你稍微留意一下，就可以发现那些名牌小学、优质初中、重点高中，凡是通过选拔入学的学校，一般女生会有更大的成绩优势。所以目前学生"阴盛阳衰"的现象也成了教育界关注的话题了。

老师喜欢女生，不但成绩好，还很听话，善解人意。但学校领导却并不这么看，倒是很担心男女生比例失调，不利于学校的发展。一个班级，一所学校，男生女生旗鼓相当，更有利于校园健康发展。尤其是高中阶段，一般来说男生的后发潜力更被看好。

有次我去一所重点中学联系工作，那是一所百年老校。正值早晨学生广播操，放眼望去，在阳光下，五彩缤纷。那时还不流行校服，学生穿着艳丽，广播操此起彼伏，犹如花的海洋。近处看看，两排女生，一排男生，艳丽色彩来自女生，她们占据了一大半。我对身旁的教导主任说，你们学校女生占了半壁江山。

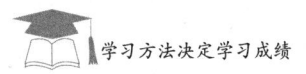

　　教导主任无不忧心地说，再这样发展下去，学校要变成女中了。也不知怎么搞的，现在的男生就是"不争气"，中考成绩就是没有女生高。我去招生拿材料，成绩好的，靠前的全是女生，男生不知去哪里了！

　　我安慰他说，女生听话，也不错。

　　教导主任似乎早思考过这个话题，他慢慢地说，将来男生的发展潜力还是很大的。目前教育"阴盛阳衰"，与人才发展规律不相符。

　　教导主任说的是事实，无可辩驳。而且年级越低，"阴盛阳衰"越严重。我当班主任时，曾接一个初一新生班，在四十多位学生中选班干部，也注意到了要男女兼顾。结果搜寻了半天，把一大叠学生资料翻了个遍，没找到一个在小学里担任过中队委员以上的男生，而女生则有一大堆人选。当时我也想，男生去哪儿了？

女生为何成绩比男生好？

　　这个话题其实早有过讨论，其中最多的是诟病现行的考试制度。

　　现行的考试升学制度是一考定终身，被什么样档次的学校录取，全由考分说了算。现在出的考题又比较机械，死记硬背的多，女生心比较细，又善长记忆，这就容易得分。所以，男生、女生相比较，男生的学习成绩落后并非学力的差异，而在于男生对现行考试制度的不适应。

　　这种分析应该是有些道理的。但我根据多年对学生成绩的观察，认为女生学习成绩优于男生另有一个重要因素，那就是女生心智成熟要早于男生。而一名学生的心智成熟度往往是学习成绩高低的主要成因。

　　心智成熟了，学习会很自觉、很有激情、很有思想，会豁然开朗。学

习能力和学习态度发生了变化,学习成绩何愁不会提高?

但男生很可惜,生理发育要慢于女生,心智成熟度也往往低于女生,这种现象在学校中很普遍。

我曾处理过一件男女生早恋的事件,印象很深。他们两人是高一年级的同班同学,男生是体育委员,人高马大,常活跃在学校操场上。女生是文艺委员,能歌善舞,人也长得漂亮。情窦初开,背着老师和同学,他们相恋了,但很快就被发现了。有一次在下课后,两人躲在教室里,拥抱在一起,被保洁阿姨发现,带到了我这里。这属于严重违纪行为,学校是要严肃处理的。如果追究责任,按惯例男生会处罚得很严厉。我把他们两人分开调查,那位女生的态度大大出乎我的意料。她没有犯错的自卑,高高仰头看着我,大义凛然地说,老师,今天给学校抓住了,我们是有错,你们处分好了。怎么处分都可以,但要让我承担主要责任,因为是我主动!你们千万别为难他,他胆子小。

我无语,又去找那位男生问话。见我一来,一米八的高个子缩成一团。还未等我开口,就已一把鼻涕一把眼泪地主动讨饶认错。我说,早知这样,何必当初? 他更惊恐,百般解释,他本也不想,只是她提出的,我只是没守住底线。同时一遍遍重复,让我别与家长联系,否则一顿责罚一定逃不掉。

男生或女生,面对波折,判若两人。生理、心理的落差显而易见。

如何提升心智成熟度?

男生或女生,力争提升自己的心智成熟度,绝对可以根本性改变学习命运,只是男生更要努力。当然你可以先观察自己,衡量一下自己

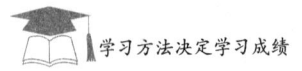

的心智成熟度究竟如何，大致有以下几个方面。

一是自尊意识。也就是懂得保护自己的声誉，重承诺，重践行。譬如有些学生很要面子，就是一种自尊行为。只要不是死要面子活受罪，学生爱护自己的面子很可贵，绝对要比什么都无所谓的学生强得多。那些不懂自尊的学生，往往对自己的荣誉、成绩也不很看重。看似很随性，实质上是永远没长大，心智没成熟。有老师跟我说起过，在班级集体中，有些学生被同学嘲弄，连最起码的反驳都不会，有时还跟着别人傻笑，看了让人心里滴血。

二是自控能力。也就是学生懂得什么时候做什么事，自己的意志力可以控制自己的欲望。学生在学校里有许多欲望，这很正常，也不是都需要去控制。我们要求学生控制的是非分之想，是无节制的行为。意志力薄弱，行为往往交由欲望驱使，这是非常典型的心智不成熟表现，严重的还会导致学习的灾难。譬如作弊，就不可能被原谅。自控力强的学生做事有分寸，学习有计划。一场考试结束，有的学生成绩优秀，有的学生成绩不及格。究其原因，往往就是成绩优秀的学生考前复习了，成绩不及格的学生看电视追剧去了，就是这么简单。

三是思维水平。就是学生有自己的思想，并能独立思考。一个学生会思考，往往标志着他的心智不断成熟。在思考的基础上又能派生出应对策略，那就说明你的思维品质达到了一定的高度。譬如学生制订自己的学习计划，规划自己的奋斗目标，归纳自己的学习方法，等等，这都往往表明我们的学习从低级阶段提升到了高级阶段。

可以这样认为，自尊意识促进我们学习的热情，自控能力提升我们学习的自觉，思维水平提高我们学习的层次。心智的成熟，让我们走向成功。要想达到这一目标，我们必须有意识地创造条件，成熟心智。

我想最重要的是让学生增强自我管理能力，学会自己的事情自己做，自己的责任自己去承担。以前很多家长从幼儿园开始将孩子送去全托，也有报考初中、高中选择全日制寄宿学校的，实际上是一种培养独立生活能力的有效方法。这样的孩子，被当时的家长普遍认为懂事早、成熟快。现在条件好了，很少有家长狠心送孩子去寄宿，在家百般呵护，孩子反而很柔弱。如果想让自己的心智快一点成熟，其实并不难，先从小事做起。每天不再让爸爸妈妈叫早，自己准时起床。如果路不远，自己去上学。在学校里与同学发生争执，不要急着向老师求救。题目不会做，试着自己翻阅书本解决。这些小事做好了，你也就长大了。现在有些学生，每天上学的书包还是让父母帮助整理，到了学校发现什么没带，先责怪的是父母没把事情做好，且理直气壮，这样的孩子永远长不大。

还有，就是努力多参加学校组织的各类活动，提升自己的情商。千万别小看这些很平常的学校活动，通过老师的设计和安排，这可能就是促进心智发展的一条有效途径。我们千万不要以浪费时间、没有兴趣为由，随便放弃。譬如春游，学校每年都会组织，这不仅是让学生玩乐。一次成功的春游，往往就是一个很优秀的教育活动。爱国情怀、团队意识、自控能力、人际交往等都会渗透其中，润物细无声般地催熟学生的心智。

再有，学会把自己的思想留下来。大概从小学开始，学生就会对一些事情有自己的看法。随着年龄的增长，看法会越来越多，看法也会越来越深。我们如果不加以保留，很可惜，就如同过眼烟云，稍纵即逝。如果我们把它留下来，积累起来，我们还能看看想想，那么我们就有了思想的积淀，积淀越多，心智也越成熟。把自己的思想留下来，最

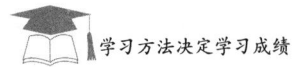

好的方法是写书评和写日记。一件小事、一个反省、一种观念、一点领悟,点点滴滴,都可以记录下来,你思想库藏会越来越丰富,而这些又是学生心智成熟所需要的源泉。

所以,不论是女生,还是男生,要想有学习成绩的超越,先努力使自己的心智有成熟的超越。我接触过很多学生,一个学习成绩优秀的学生,一定是一个心智成熟的学生。

早恋是福还是祸
——不可小看对学习成绩的影响

学生的早恋,在校园里很常见。平时男女同学出双入对,似乎只是同学间的友谊,私底下却暗流涌动。

老师、家长一般都很反对,但反对也没用,学生的早恋现象大有蔓延之势,情窦初开,也越来越早。一不留意,学生就让自己陷入热恋之中,就像一条腿陷进了泥潭,越拔越下沉,处理不当,真有灭顶之灾。

不少家长常会与我讨论学生早恋话题,他们都很担心,如此下去,还读书?还考试?魂不守舍还怎么做学生?面对现在大量的电视热恋镜头,面对网络小说肆无忌惮的描述,老师、家长胆战心惊,这样下去怎么得了?

早恋,过去有、现在有、将来也一定会有。怎么办?我给你讲三个我经历过的小故事。

故事一 老师、家长双管齐下,终于化险为夷

我的朋友,一位私营企业的执行董事。平时忙得根本无法关心儿子,多年来几乎与儿子没有什么交流。儿子考进我所在的高中学校,为

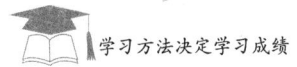

了弥补对儿子的亏欠,特地来拜访我。

他告诉我他有多忙,一天有七八个会,看着手表赶会场。他还告诉我他有多重要,上千职工唯他马首是瞻,公司上上下下全靠他支撑,对儿子的关心只能埋在心里。他最担心的是儿子的学习成绩,对三年后的高考,实在不放心。

他儿子长得很帅,身材也好,喜欢学他爸爸一身西装,但老成的外表下却有一颗十足的童心,天真可爱。平时在家里与比他小十多岁的妹妹黏在一起,与妹妹抢零食,妹妹被惹得哇哇直哭,他却躲在一边喜笑颜开。

我对那位公司高管说,你儿子呀,学习成绩不必过分担心,进入了高中,早恋呢,却要提防。

他听了笑声朗朗,他说,儿子进高中担心的当然是成绩!早恋?开什么玩笑,他还什么都不懂,晚上一个人睡觉都害怕,会谈女朋友?

一学期都没结束,他们夫妻俩一同来找我,脸色沉重,如临大敌。对我说,不幸给你言中,儿子真的早恋了,是一个同班女同学,叫什么维维豆奶,真与儿子好上了。

我说,维维豆奶?没法查寻,是哪位女生都没搞清楚,你能确定?

他一脸正式地对我说,千真万确!他们班级同学都这么叫她,我听了也别扭,但他妈妈说见到过她。重要的迹象有三点。第一,最近一段时间,忙着与女孩子发微信,半夜躲在被子里也在发,神色怪异,手机流量大大增加。第二,他妈妈亲眼看见他们两人下课后一起去吃冰琪淋,都是我儿子买单,一个月的零花钱,三天就没了。第三,骗了妹妹的压岁钱给她买生日礼物,藏在书包里被我们发现。他妈妈与他谈心,他矢口否认,几次谈下来,根本没用。事实清楚,死不认账,我现在上班也没心思，大概过去亏欠他的关心，现在要加倍偿还。

他是用做报告的形式给我分析，但决不能用做报告的思路来解决问题，处理早恋不是处理公务。我果断地说，照你讲的情况，我想最好的方法是物理阻断，彻底割断他们之间的联系。

他妈妈听我如此"粗暴"，担心起来，这样做行吗？会不会有什么不测？会离家出走吗？

我有点把握。于是给他们分析，你们的儿子比较单纯，恋情也不深，扼杀在萌芽里应该没问题。我马上请来了班主任，也请来了女同学的家长，开了个小会，并达成了共识。双方家长各自管好自己的孩子，坚决阻断他们之间的任何联系。班主任用校纪校规进行批评施压，并负责在学校的监督。一切必须严格保密，不让其他同学知道。

没想到这效果出奇的好，一个月下来，就彻底解决了，甚至还未波及学习成绩，那个恋情就被扼杀在摇篮里。后来他们告诉我，儿子发了三天怪脾气，又沉默了三天，就像戒烟综合症，确实有些难过，但忍一忍也就过去了。一个月以后，正值学校放寒假，一切正常。原本以为洪水猛兽般的灾难，现在却像一场小朋友的游戏。

故事二　尊重人性，还有一个幸福的终点

那年，我还在学校负责学生政工工作。得到报告，有一位初三的女生与高三的男生相恋，如胶似漆，形影不离。他们都面临升学考，时间还不到三个月，十万火急。

他们俩是在学校组织的一次迎新联欢会上认识的，相恋已快两年了。双方家长都有所察觉，只是动静不大，也没放在心上。学习成绩没

有下滑，所以也就任其自然。但随着时间的过去，两人的恋情越来越深厚，本是涓涓细流，逐步变得汹涌澎湃。毕业临近，两人开始焦虑。有一天，男生竟然与母亲说："我谈了个女朋友，现在快毕业了，能不能把恋爱关系确定下来。"这回让家长吓得不轻，聊天约会就算了，这回怎么当真？最要命的是面临升学考，再这样发展下去，还怎么去考试？于是，告诉了班主任。

与这两位相恋的学生谈话，我一开口就没有商量余地。我说："你们知道校纪校规吗？如此不顾一切谈朋友，就不怕背个处分毕业？"

女生低着头，有些胆怯。男生也胆怯，但有些不甘，稳稳地对我说："老师，你能别生气吗？能听我说说吗？我们两个人要好，真没什么想法，就这么自然而然地要好了。但我们并没有影响学习成绩，这个班主任、任课老师都可以给我们作证。我们相信也不会影响升学考，她一定要考上重点中学，我要考上名牌大学，我们以实际行动来证实，这样你能原谅我们吗？"

女生这时才低声说："是的，我现在复习迎考，他帮助我不少，否则成绩不会这么好。"

我相信他们说的都是实话，但仍担心学习成绩，在最关键的复习迎考之际，是不能有任何情绪干扰的。我说："马上要升学考了，怎么会没影响？"

男生说："我们已经说好了，这三个月不再见面，说到做到。但是，也许会想念，很矛盾。"

不知是什么鬼使神差，竟让我说："你们也许没错。错的是在错误的时间，错误的地点，谈了一场错误的恋爱。谈恋爱很幸福，但肯定不是当下！这样吧，你们就在我办公室作一个告别，我离开。"还未等我走出办公室,他们早已抱成一团,生离死别般哭泣。我的办公室历来是学生受批评的地方,今天竟然让一对早恋的学生热情相拥一次,我也不知道是一种什么冲动,近乎纵容。但我相信,对他们俩这个方法很合适,因为恋情使他们有效提升学习热情,说明他们思想成熟,而且做事有度。

之后,男生考上了一所很不错的大学,女生也考上了重点高中。再以后,大概有十年,我去浦东一所学校开会,碰巧遇见了这位男生。他大学毕业后,进入这所学校当老师,与我一样成了人类灵魂的工程师。师生相遇,开始有些尴尬。我还是忍不住问他,还和当年那位女同学谈吗?他开心地告诉我:"当然啊,快结婚了。最要感谢的是你,让我们在你的办公室'告别',特别难忘。我们第一次可以不再担惊受怕,第一次可以名正言顺,第一次可以自由相拥。按现在流行的话说,理解万岁。"

我想,如果当年我给他们双双处分,粗暴阻止,那又将是一个什么结果?

故事三 坠入爱河不能自拔,早恋也许就是灾难

讲这个故事有点沉痛,因为一个本是非常出色的女生,却沉陷早恋泥潭而自暴自弃。

她是一位高三的女学生,非常非常聪明,考试成绩一直名列前茅,且不用功课做到深夜。人虽不很漂亮,但衣着打扮得体,且能说会道,待人热情,很快就担任校学生会副主席。班级里有一位男生,人长得很帅,但学习成绩很差。班主任将帮助这位男生的任务交给了这位学生会

副主席，要他们俩结对互帮，说是互帮，实际上是女生帮助男生。男生很听她的话，本来随随便便，现在变得很乖顺，老师也很满意。但时间一长，他们俩进入了热恋。开始也没十分注意，互帮结对是老师自己的安排。但后来发现，情况不对了，两人感情越来越细腻。成双成对，同进同出，女生病假一天，男生坐立不安。在学校，一些传闻不胫而走，因为是学生会干部，言行举止更受同学们关注。

我与女学生交流，很想提醒她，但仍是比较委婉地说，你是学生会干部，要为同学作表率，要十分注意自己的细节。

她却老练得让我吃惊，毫不避讳地回答我，我知道你要说什么，不就是指我与男生谈朋友吗？你放心好了，我懂得分寸。现在家长、老师太疑心，见到男女生走得近一些，就是什么早恋，胡乱猜测，弄得我们学生都谈恋色变。难道就不允许纯粹的同学友谊？

她的一番话，让我也直以为自己真有些胡乱猜测。学生会副主席，怎么会不懂？只好顺着她说，那最好了。

然而，传闻很快变成了现实，而且现实又是如此地残酷和悲哀。那位女生没多久就怀孕了，瞒着学校老师，由双方家长协商，做了人流。谎称盲肠炎开刀，在家休息了一周，急急来学校上课，但终究还是被老师知道，要严肃处理，两人都受到了处分。由于处理这些纠葛，耗尽了男生和女生的所有精力，两人的学习成绩一落千丈。此时，女生再怎么天资聪颖也没有用了。最后，男生高考落榜，被家长安排到外地老家，一边工作一边读书，女生考进了一所专科学校，两人最终劳燕分飞。后来又听说，女生进入高校读书之后，耐不住寂寞，进校就谈了个男朋友，破罐破摔，继续卿卿我我了一阵子，结果又怀孕。

当时，我最不忍的是听到女生的妈妈对自己女儿哭诉，她几乎撕心裂肺地说,你为什么就等不及长大以后,堂堂正正谈恋爱呢?非要在高三的时候自毁前程,是什么让你这样鬼迷心窍?

看完这三个小故事,你应该能明白些什么了。

与人说起学生早恋话题,我总是说,学生的恋情不是洪水猛兽,不需谈恋色变,这是很正常而美丽的青春萌动,没什么错。但要牢记的是,当你还未跨进高校大门之时,请尽量运用理智驾驭住感情,请将这美丽留到长大以后。如果发生了早恋,最简单的方法是物理阻断,不要讲什么纯粹的同学友谊,你很难控制。如果已经难分难舍,那么就让恋情催生学习热情,这完全可以做到;如果,一味沉溺在恋情之中而无法自拨,自暴自弃,那么肯定是个大灾难。

图书在版编目(CIP)数据

学习方法决定学习成绩 / 陆震谷著. -- 上海：上海文化出版社，2018.6（2021.8重印）

ISBN 978-7-5535-1237-2

Ⅰ.①学… Ⅱ.①陆… Ⅲ.①学习方法-青年读物②学习方法-少年读物 Ⅳ.①G791-49

中国版本图书馆CIP数据核字(2018)第095923号

责任编辑　田　甜
整体设计　周艳梅
图文制作　费红莲
督　　印　张　凯

学习方法决定学习成绩

陆震谷 著

出　　版	上海文化出版社	
出　　品	上海故事会文化传媒有限公司	
	（200020 上海市绍兴路74号　www.storychina.cn）	
发　　行	上海文艺出版社发行中心	
	（上海市绍兴路50号）	
印　　刷	上海中华印刷有限公司	
开　　本	889×1194　1/32	
印　　张	7.75	
版　　次	2018年6月第1版	
印　　次	2021年8月第9次印刷	
书　　号	ISBN 978-7-5535-1237-2/G.172	
定　　价	30.00元	

版权所有 翻印必究

故事会 大众文化出版基地　www.storychina.cn　上海故事会文化传媒有限公司 出品(00745) www.storychina.cn

上海故事会文化传媒有限公司所有图书可办理邮购，免收邮费（挂号除外）
汇款地址：上海市绍兴路74号(200020)
收款人：上海故事会文化传媒有限公司出版发行部
联系电话：021-64338113
如发现本书有质量问题，请与印刷厂质量科联系　T：021-60829062